FORTIFIEZ-VOUS DANS LE SEIGNEUR

Comment libérer la puissance cachée

de Dieu dans votre vie

de

BILL JOHNSON

© Copyright de l'édition française 2014

ISBN:978-0-9914829-2-4

Les traductions desquelles sont extraits les passages des Écritures cités dans ce livre sont notées comme suit après la référence :

Louis Segond - LSG
La Bible Darby en français - FRDBY
La Bible du Semeur - BDS
La Nouvelle Bible Segond - NBS
Parole de Vie - PDV

Si elle n'est pas précisée, le verset a été directement traduit de la version anglaise utilisée par l'auteur. Les emphases mises sur les textes bibliques sont celles de l'auteur.

Nous vous prions de noter que cette édition met la majuscule à certains pronoms qui réfèrent au Père, au Fils et au Saint-Esprit ce qui peut différer du style d'autres éditions. Notez aussi que le nom de satan et autres noms qui s'y rapportent n'ont pas de majuscule. Nous avons choisi de ne pas lui accorder cette reconnaissance, quitte à violer certaines règles d'orthographe.

Édition française © 2014 Bill Johnson Ministries
Édition anglaise © Copyright 2007 — Bill Johnson.
Destiny Image Publishers: ISBN 978-0-7684-2427-0

Tous droits réservés. Ce livre est protégé par les lois des Etats-Unis d'Amérique sur le copyright. Ce livre ne peut être être copié ou reproduit à des fins commerciales. L'utilisation de brèves citations ou la copie occasionnelle de page à des fins personnelles ou pour dans le cadre de groupe d'étude est permise et encouragée. Une autorisation vous sera accordée sur demande.

Ce livre a été traduit de l'anglais par :
Natacha Le Floch-Zakine

Mis en page par Ellyn Davis, Double Portion Publishing
www.doubleportionpublishing.com

DÉDICACE

Je dédie ce livre à Randy Clark : ton humilité, ton intégrité et ta passion pour Dieu ont touché des millions de gens et je suis l'un d'entre eux. Tes encouragements et ton soutien au cours de ma vie sont colossaux. Merci de ton amitié et de l'exemple que tu m'as donné afin d'être le bon intendant d'une vie de miracles. Merci Randy !

Fortifiez-vous dans le Seigneur

REMERCIEMENTS

Merci encore une fois à Dann Farrelly et Pam Spinosi pour votre aide éditoriale. Merci à Mary Walker et Judy Franklin pour votre encouragement constant et votre aide à assembler ce livre. Des remerciements tous particuliers à Allison Armerding qui m'a aidé à rédiger cet ouvrage. Vous êtes inestimables !

Fortifiez-vous dans le Seigneur

RECOMMANDATIONS

En bien des décennies de ministère à travers le monde, j'ai découvert que peu importe leur arrière-plan, les gens se posent deux questions fondamentales : « Qui suis-je ? » et « Quelle est ma destinée ? » Bill Johnson répond de main de maître à ces questions en partageant les outils que Dieu lui a appris à utiliser pour reprendre courage. La perspicacité de ce pasteur extraordinaire vous montrera comment Dieu vous a équipé de tous les outils nécessaires pour accomplir votre destinée. Quelles que soient les circonstances désespérées par lesquelles vous êtes passé, ce livre vous aidera à vous emparer de la provision de Dieu pour terminer la course victorieux en vous « fortifiant dans le Seigneur ».

Dr. Mahesh Chavda
Auteur de *La Puissance cachée du jeûne et de la prière*

Au coeur d'un monde confus et chaotique dont l'atmosphère nous entoure, l'ennemi tente d'échafauder un plan afin de prendre l'avantage sur nous. L'une des clefs pour nos vies est de ne pas permettre aux prétendues défaites, aux découragements et aux stratagèmes de l'ennemi visant à nous dépouiller, de nous dépasser et de générer une mentalité d'échec dans nos schémas de pensée. *Dans Fortifiez-vous dans le Seigneur : Comment Libérer la puissance cachée de Dieu dans votre vie*, Bill Johnson a développé une nouvelle façon de penser afin de vous aider à établir un plan victorieux pour votre vie. Ce livre vous poussera à cultiver une mentalité qui vous amènera à bénir et être béni, à célébrer et à louer et cela aura pour effet de déverrouiller ce que Dieu a de meilleur pour votre avenir !

Dr. Chuck D. Pierce
Président de Glory of Zion International Inc. et
Vice Président de Global Harvest Ministries

Le nouveau livre de Bill est un encouragement riche et puissant pour tous les chrétiens qui luttent pour leur survie spirituelle et dans une certaine mesure, nous pourrions tous être concernés. Bien plus que ça, Bill montre la voie à tous ceux qui parmi nous désirent aller de l'avant, persévérer vers l'appel élevé que nous avons en Jésus et ne permettre à rien au monde de nous retenir d'entrer pleinement dans notre destinée. Bill parle par expérience et sa vie, ses relations et les témoignages qui suivent son ministère sont la preuve qu'il connait le chemin...

Rolland et Heidi Baker
Iris Ministries

La boîte à outils de Bill Johnson est remplie de l'équipement nécessaire pour bâtir une vie de foi et de bénédictions. J'ai été convaincu qu'un ministère n'avance pas accidentellement dans la mesure de révélation que détient Bill. Une fois encore, je vois les moyens concrets avec lesquels le Père l'a soutenu et l'a fait entrer dans un ministère des plus doués et remarquables. Je crois que c'est la base de qui il est et de ce qu'il fait.

Mgr Joseph L. Garlington

Fortifiez-vous dans le Seigneur

Sommaire

Introduction 13
Chapitre 1 Le secret de l'avancement de David 15
Chapitre 2 Rester connecté à sa destinée 33
Chapitre 3 Désarmer l'enfer par la reconnaissance 55
Chapitre 4 Le temps de la percée individuelle 71
Chapitre 5 Libérer ce qui est caché 91
Chapitre 6 Habité par Ses promesses 103
Chapitre 7 Conserver le témoigner 119
Chapitre 8 Maîtriser votre environnement 135
Chapitre 9 Un cri désespéré 147
Chapitre 10 Pas pendant mon service ! 175

Fortifiez-vous dans le Seigneur

INTRODUCTION

Il est l'heure d'être fort et plein de courage. Je ne connais pas une époque où la foi et le bravoure ont été aussi nécessaires. Cependant, je ne dis pas cela à cause des ténèbres ambiantes. Comment les rater ? Je le dis à cause de la dimension des promesses de Dieu qui perdurent pour l'Église aujourd'hui en attendant que quelqu'un les voient, les croient et accepte qu'elles viennent à l'existence !

Vivre courageusement requiert d'être encouragé. Mais parfois, vous êtes le seul à le faire. L'Église a payé cher de ne pas savoir se fortifier elle-même. C'est la clef de l'avancement ! C'est ce qui a permis aux heures les plus sombres de la vie de David d'être *la petite porte* d'accès à la salle du trône. Il en sera de même pour vous. En apprenant à puiser de nouvelles forces, vous atteindrez votre destinée, réaliserez les rêves nés dans le coeur de Dieu et deviendrez une personne qui peut parfaitement représenter Jésus - re-présenter Jésus au monde.

Fortifiez-vous dans le Seigneur

Chapitre 1

LE SECRET DE L'AVANCEMENT DE DAVID

Si vous voulez tuer des géants,

suivez un tueur de géant !

Fortifiez-vous dans le Seigneur

Le roi David surpasse toutes les autres figures de l'Ancien Testament dans le sens où l'on ne se souvient pas de lui pour ses hauts-faits mais pour la grandeur de son coeur pour Dieu. Son coeur passionné l'a mis à part aux yeux de Dieu bien avant qu'il ait remporté de grandes victoires militaires, qu'il ait révolutionné la nature de l'adoration en Israël ou même qu'il ait fait entrer Israël dans son âge d'or économique et sa prospérité spirituelle. Alors que David était encore dans l'ombre, Dieu vit qu'il était un homme selon Son coeur (cf. Actes13:22).

Quelle était la preuve que le coeur de David plaisait à Dieu ? La Parole relève deux aspects de la vie de David avant qu'il ait reçu l'onction royale. Premièrement, quand personne ne regardait, quand personne n'organisait de réunion de prière ou menait un réveil en Judée, David déversait son coeur par la prière et l'adoration qu'il rendait à Dieu en paissant les moutons de son père. Sans personne autour, sa quête de Dieu n'était motivée que par le désir de connaître Dieu pour son propre bien.

La relation de David avec l'Éternel était extrêmement

inhabituelle pour son époque. En ce temps-là, le modèle d'adoration en vigueur en Israël reposait entièrement sur le sacrifice d'animaux afin de régler temporairement la question du péché. Il n'était aucunement basé sur le sacrifice de louange qui vient du coeur et c'est précisément celui-ci qui l'a conduit au-delà de la lettre de la loi, jusqu'au Seigneur en personne. Deuxièmement, les luttes de David contre l'ours et le lion ont révélé son coeur pour Dieu. En effet, il se reposait entièrement sur Lui pour en ressortir victorieux. Cette confiance montrait bien que le coeur de David pour l'Éternel n'était pas influencé par les circonstances. Il possédait une réelle intégrité de coeur (cf. 1 Samuel 17:37).

PRÉPARÉ À RÉGNER

Dieu n'a pas directement amené *l'homme selon Son coeur* du pâturage au palais. Chose incroyable, David n'a accédé au trône que 10-13 ans *après* que Samuel l'ait oint pour être roi. Durant ces années intermédiaires David a enduré plus de difficultés, de persécutions et de rejet que la plupart d'entre nous en une vie. Il n'imaginait probablement pas que son intronisation prenne autant de temps.

En revanche, Saül, le roi qui l'a précédé, n'a pas connu de telles difficultés ; il a été couronné peu de temps après avoir été oint par Samuel. Cependant, Dieu ne souhaitait pas

Le secret de l'avancement de David

établir un autre roi comme Saül. Bien qu'il ait véritablement été le meilleur homme dont Israël disposait quand le peuple a réclamé un roi (cf. 1 Samuel 8:6), son coeur n'avait pas été préparé, au travers de l'épreuve, à d'endosser cette charge royale. En tant que roi, une mesure d'onction avait été confiée à Saül pour mener les armées d'Israël à la victoire et prendre soin du peuple. Néanmoins, sans la force de caractère qui découlent uniquement des batailles remportées en privé, ces triomphes publics ont mis à jour la faiblesse du coeur de Saül vis-à-vis de Dieu et qui jusque là était restée cachée. Cette défaillance, associée à son appétit grandissant de plaire aux hommes, l'a conduit à se glorifier lui-même et à désobéir à Dieu. Le coeur de Saül n'ayant pas été éprouvé, ce qui lui avait été donné pour triompher a finalement servi à le détruire.

Ainsi, bien que David ait déjà eu un coeur pour le Seigneur, il a connu des années d'épreuve qui l'ont préparé à administrer la gloire et la responsabilité du trône. Le récit biblique de cette saison de la vie de David regorge de leçons sur la façon dont notre caractère est éprouvé en vue d'accomplir notre destinée en Dieu. Toutefois, la vraie question est de savoir ce qui a finalement qualifié David à devenir roi. Qu'est-ce qui a conduit au moment où Dieu a dit : « Es-tu maintenant prêt ? » J'aimerais suggérer que c'était la capacité de David à agir face à la plus profonde trahison et au rejet le plus inimaginable qui soit. C'est quand il s'est tenu complètement seul, que David « *se fortifia en l'Éternel, son Dieu* » (1 Samuel 30:6, FRDBY).

LE RÔLE DU REJET

Il est utile d'observer la progression de David au travers des épreuves auxquelles il a dû faire face pour comprendre le sens de ce choix qui marqua un tournant vers son couronnement. Voici un *résumé* de la vie de David pendant les années qui suivirent son onction.

Au début, il a connu d'évidents succès. L'intimité unique de David avec le Seigneur l'avait déjà mis à part et lui avait donné ce qu'aucun autre homme en Israël ne possédait : un immense courage motivé par une indignation juste envers les ennemis qui raillaient les armées du Dieu vivant. David, seul et sans armure, défia les probabilités, couru à la rencontre de Goliath et remporta une grande victoire sur le géant et sur les Philistins. Cet exploit lui value immédiatement la faveur du peuple et du roi Saül. À la suite de cela, il emménagea au palais, devint le meilleur ami du fils du roi et épousa sa fille. Selon l'opinion générale, l'accomplissement de la parole de Samuel pour sa vie semblait imminent.

Cependant, le roi Saül fut consumé par la jalousie quand il eut vent de la chanson que les femmes de la ville chantaient : « Saül a vaincu ses milliers et David ses dizaines de milliers ? » Il lança une campagne pour mettre fin à la vie de David et après avoir esquivé les lances de Saül, David se fit douloureusement une raison. Il allait en réalité devoir quitter Jérusalem pour pouvoir survivre. Il n'avait probablement pas idée que ce fou possédé le pourchasserait pendant plus de dix ans aussi loin que possible du trône d'Israël. Le rejet de Saül à son égard fut le premier signe que l'apprentissage de la royauté de David était basé sur la mise à l'épreuve de sa capacité à croire et avancer selon la parole qu'il avait reçu pour sa vie ; et ce, même quand les circonstances semblaient complètement contredire et nier sa destinée.

Nous pouvons observer une autre mise à l'épreuve de son caractère quand après avoir quitté Jérusalem et s'être caché un moment dans divers lieux, David a secouru le village de Kehila attaqué par les Philistins. Il découvrit que Saül savait qu'il se trouvait là. Il demanda alors à l'Éternel s'il devait le pourchasser ou si les citoyens qu'il venait tout juste de sauver – ses propres frères juifs – allaient le protéger ou le livrer à Saül. Dieu lui dit qu'il venait pour lui et que le peuple le livrerait. De nouveau rejeté, il partit dans le désert.

> Si vous voulez tuer des géants, suivez un tueur de géant !

Fortifiez-vous dans le Seigneur

À cette époque il avait aussi des hommes à ses côtés, mais il est dit d'eux qu'ils étaient des hommes en détresse, mécontents et endettés (cf. 1 Samuel 22:2). Ils étaient les laissés-pour-compte de la société. David a prouvé qu'il avait véritablement le coeur d'un roi en acceptant ces hommes et en passant environ les dix années suivantes à les former à la vie et à la guerre. Sous son commandement, ces « rebuts » sont devenus des « hommes puissants ». (Il est intéressant de noter qu'au moins quatre de ces hommes ont tués des géants, tout comme David l'avait fait. Si vous voulez tuer des géants, suivez un tueur de géant !) Finalement, David déménagea avec ses hommes sur le territoire des Philistins dont le roi lui donna la ville de Tsiklag. Depuis cette cité, David menait des raids durant la nuit à l'encontre des ennemis d'Israël, en convainquant les Philistins qu'il le faisait pour eux. Jusqu'au jour où les Philistins décidèrent d'attaquer Israël. Beaucoup d'hommes souhaitaient emmener David avec eux du fait de ses indéniables forces et prouesses militaires. Cependant, les princes des Philistins ne laisseraient pas David les accompagner, de peur qu'il ne se retourne contre eux pendant la bataille et les mette en défaite afin de s'assurer à nouveau les bonnes grâces de Saül. Suite à cette humiliation, David et ses hommes retournèrent à Tsiklag et trouvèrent leur ville pillée et brulée par les Amalécites. Femmes, enfants et possessions, ils avaient tout emporté.

Le secret de l'avancement de David

David passait sérieusement une mauvaise journée et elle aurait été le coup de grâce pour la plupart d'entre nous. Il avait été rejeté par le roi, par les Israélites et même par leurs ennemis. (Vous savez que vous avez passé une mauvaise journée quand le diable vous rejette.) À ce moment précis, David faisait face au plus profond et plus traitre des rejets qui soit. À la vue de leur cité en feu et de la disparition de leurs familles, – ceux qu'il avait fait passer du statut de privés de droits à celui de citoyens actifs, ceux avec qui David avait persévéré pendant des années et aux familles desquels il avait fournis protection et provision – ses hommes forts parlaient maintenant de le lapider. Dès lors, même les rejetés de la société l'avaient délaissé. David était rejeté et allait être tué. Il n'y a vraiment pas beaucoup de différence entre leur attitude et le préjugé, assez fréquent dans notre société, selon lequel, il suffit de se débarrasser de celui qui est au sommet de l'échelle en cas de problème. Seulement c'était profondément injuste, ces hommes devaient leurs vies à David.

Les Écritures témoignent de ce que David ressentait sur le moment :

> *Et David fut dans une grande détresse, car le peuple parlait de le lapider ; car l'âme de tout le peuple était pleine d'amertume, chacun à cause de ses fils et à cause de ses filles.* (1 Samuel 30:6, FRDBY)

Fortifiez-vous dans le Seigneur

Il ne fait aucun doute que je me sentirais moi aussi en grande détresse si ma vie était menacée par mes amis les plus proches. Pourtant, quelle fut la réponse de David ? S'enfuit-il pour sauver sa vie ? S'indigne-t-il pour défendre sa place de chef et rappeler à ces hommes qu'ils lui doivent leurs vies ? Il aurait aisément pu faire l'un ou l'autre, mais voici ce qu'il fit à la place : « *Et David se fortifia en l'Éternel, son Dieu* ». (1 Samuel 30:6, FRDBY)

LA PETITE PORTE DE LA SALLE DU TRÔNE

Faire face à un groupe d'hommes explosif - prêts à le lapider - poussa David à ne pas chercher des forces en lui-même mais auprès de l'Éternel son Dieu. Sa foi lui donna le courage de dire sommairement : « Venez les gars ! Il faut que nous ramenions nos femmes et nos enfants ! » Étonnement, il ne lui fallut que ça pour ramener ses hommes à la raison. Il leur rappela tout simplement leurs destinées et leurs visions pour leurs vies, démontrant ainsi le véritable caractère d'un leader fortifié. Dieu lui donna la force de maîtriser sa propre détresse, de passer par-dessus l'offense d'avoir été rejeté par ses hommes et de les rallier à nouveau pour aller chercher leurs familles. Quand David s'est tourné vers ses hommes affermis, ils se reprirent puis pourchassèrent les Amalécites pour enfin retrouver chaque personne et chaque bien qui leurs avaient été dérobés. Toutefois, la percée personnelle de David sur le moment, sa capacité à reprendre courage et être fidèle à son objectif plutôt que de s'effondrer sous la pression, n'a pas seulement sauvé sa vie. Cela l'a également rendu capable de mener ses hommes à la victoire. Sa percée l'a maintenu debout devant une porte invisible qui allait s'ouvrir sous peu : la porte de la salle du trône. C'est précisément dans la bataille que les Philistins l'avait empêché de mener que Saül et Jonathan furent tués. Très peu de temps après, Israël a couronné David roi. Son heure la plus sombre l'a conduit jusqu'à la petite porte de la salle du trône.

LÉGUER UN HÉRITAGE QUI PERDURE

Bien sûr, l'histoire ne s'achève pas ici. La véritable signification de l'avancement de David, du champ au trône, se voit dans l'héritage royal qu'il a laissé. Si David avait seulement écrit les psaumes, établit à Jérusalem une forme d'adoration sans précédent, conçu le Temple et emmené Israël vers son apogée, cela aurait déjà été suffisamment sensationnel ; mais David était si important pour Dieu qu'il a été appelé *le* précurseur du Messie. Jésus, tout au long de *l'éternité*, sera identifié comme le Fils de David et il siègera sur son trône. En effet, David a été promu à un tel niveau de faveur et d'influence auprès de Dieu qu'il a pour toujours altéré le cours de l'histoire.

La vie de David n'a pas uniquement été consignée dans

les Écritures pour nous inspirer. Il nous suffit de lire les récits de ses péchés pour savoir qu'il n'était pas une sorte de super héros. Sa vie est réellement un appel pour chaque croyant. Si un homme, pécheur, qui a vécu des centaines d'années avant que le sang de Jésus soit versé, a pu connaître une telle faveur divine, dans quelle mesure ceux, qui couverts par ce sang, sont-ils alors capables d'entrer dans une destinée encore plus grande afin de ressembler à Christ et achever Son oeuvre sur la planète ? Jean décrit la destinée que nous avons reçu en Jésus, celle qui est chantée par tout ce qui se trouve dans les cieux : *« ... Car tu as été mis à mort et tu as racheté pour Dieu, par ton sang répandu, des hommes de toute tribu, de toute langue, de tout peuple, de toutes les nations. Tu as fait d'eux un peuple **de rois et de prêtres** au service de notre Dieu et ils régneront sur la terre. »* (Apocalypse 5:9-10, BDS) L'auteur de l'épître aux Éphésiens déclarent que nous sommes assis en Christ dans les lieux célestes (cf. Éphésiens 2:6), c'est donc bien la preuve que notre position de rois et prêtres n'est pas inférieure à celle occupée par David. Si Jésus est en ce moment assis sur le trône de David, nous le sommes aussi !

Nous vivons à une époque où le Seigneur est en train de restaurer cette révélation à Son peuple, la révélation que le sang de Jésus n'a pas seulement été versé pour nous sauver de nos péchés. Il a aussi coulé pour rétablir notre relation avec Dieu au travers de laquelle nous collaborons avec Lui au titre de rois et prêtres pour amener la terre sous Son règne et Son gouvernement. Nous avons reçu une autorité déléguée pour établir Son Royaume dans tous les lieux que nos pieds foulent. Cependant, le fait est que lorsque Dieu nous appelle « rois », la mesure à laquelle nous avançons dans cette position est une question de *potentiel*. Comme Larry Randolph le souligne, Dieu n'est pas responsable de nous faire atteindre notre potentiel. Beaucoup de croyants pensent que Dieu n'accomplit pas les paroles prophétiques qui ont été données sur leurs vies parce qu'ils passent à côté du fait que la Parole pointait leur potentiel, ce qui nécessite par conséquent, leur participation. Dieu n'accomplira pas votre potentiel à votre place car Il désire que vous deveniez un croyant mature qui pense et agit comme Lui de votre propre chef. Les croyants matures sont ceux à qui Il confie les secrets de Son coeur car ils n'emploieront pas la faveur qu'Il leur accorde dans leur propre intérêt mais pour le Sien.

UNE FAVEUR ACCRUE ASSURE NOTRE DESTINÉE

Ayant été élevés dans une société démocratique, certains d'entre nous peuvent avoir du mal avec l'idée que Dieu accorde Sa faveur à certains plutôt qu'à d'autres. La faveur de Dieu est différente de Son amour. Vous ne pouvez rien faire pour changer l'immensité de l'amour de Dieu pour vous mais

Fortifiez-vous dans le Seigneur

même Jésus a lui-même dû croître en « *faveur auprès de Dieu et des hommes* » (Luc 2:52, FRDBY). Ce verset m'étonne. Je peux comprendre qu'il ait eu besoin de grandir en faveur auprès des hommes mais pourquoi avait-Il besoin de grandir en faveur auprès de Dieu ? Il était parfait en tout. La réponse se cache dans le fait que Jésus a fait tout ce qu'Il a fait *en tant qu'homme*, mettant de côté Sa divinité afin d'être un modèle pour nous. Comme David, Il a dû être mis à l'épreuve. Il a reçu Son onction à Son baptême, quand l'Esprit est descendu et s'est posé sur Lui et que le Père a déclaré qu'Il était le fils de Dieu. Mais au lieu d'être directement envoyé pour exercer le ministère, Il a été conduit par l'Esprit dans le désert. Là-bas, Il a été testé par l'ennemi, notamment par rapport à la Parole qui venait d'être déclarée sur Lui. Si vous regardez le récit de la tentation de Jésus dans Luc, vous remarquerez qu'Il se rend dans le désert « *plein de l'Esprit-Saint* » et qu'Il en revient « *dans la puissance de l'Esprit* » (Luc 4:1,14, FRDBY). Parce qu'Il a réussi cette épreuve, l'expression de la Parole annoncée sur Sa vie - la faveur d'avancer dans Son potentiel – a été libérée dans une plus grande mesure.

La « faveur » dans laquelle Jésus a grandi vient du mot *charis*, ce qui réfère à la grâce divine et à la capacité de Dieu Lui-même à venir sur une personne pour la rendre capable d'accomplir Ses desseins. Chacun de nous doit grandir en faveur sur le modèle de Jésus si nous voulons accomplir notre destinée en Dieu. Cependant, la faveur, de par sa gloire et sa puissance, est une lourde charge. Ainsi dans sa compassion, Dieu vous accorde Sa faveur à la mesure de ce que votre caractère peut supporter, vous emmenant de gloire en gloire, de pas de foi en pas de foi, de force en force.

LE BUT ET LA PRIORITÉ DE SE FORTIFIER SOI-MÊME

La vie de David nous montre que la capacité à nous fortifier et à prendre soin de nous-mêmes est une compétence vitale que nous devons acquérir si nous souhaitons développer le caractère nécessaire à l'épanouissement de notre potentiel de rois et prêtres. Il est impossible pour qui que ce soit d'atteindre sa destinée suprême dans la vie sans apprendre à s'occuper de soi. Nous pouvons mieux apprécier le sens de cette aptitude en comprenant la nature du rôle auquel nous sommes appelés. Quand les Écritures disent que « *nous règnerons sur la terre* » (Apocalypse 5:10), cela implique que chacun d'entre nous est destiné à occuper une position dans laquelle influencer son entourage. Chacun de nous aura des sphères d'influences de différentes tailles et nature mais nous sommes tous appelés à être des leaders dans la société. Nous ne sommes pas appelés à « gouverner sur les autres » en termes de domination. Dans le

Fortifiez-vous dans le Seigneur

Royaume de Dieu, la puissance du règne est une habilitation divine à servir les autres plus efficacement. Tout comme des rois sont faits pour apporter protection et prospérité à leurs citoyens, ceux qui servent justement dans le Royaume de Dieu offriront la sécurité et la bénédiction à tous ceux qui sont sous leur influence.

Il me semble que la première qualité qui différencie un leader soit *l'initiative*. Dieu savait que David réussirait dans son rôle de chef car il avait pris l'initiative de Le chercher dans le lieu secret. Dieu cherche en nous cette même qualité : la maturité. Connaître la pression positive de ses pairs et le momentum d'un mouvement de Dieu dans un groupe est merveilleux. Toutefois, ceux qui recherchent la face de Dieu et poursuivent Sa destinée pour leurs vies dans le secret sont les personnes qui possèdent l'initiative requise pour reprendre courage d'eux-mêmes. S'ils apprennent à persévérer dans leur initiative à rechercher Dieu en se fortifiant dans l'épreuve, ils seront ceux qui connaissent des percées personnelles capables de libérer une bénédiction collective pour leur entourage.

Dieu désire nous apprendre comment trouver notre force en Lui car le développement de nos compétences encouragera notre longévité spirituelle. Nous avons besoin de longévité car notre destinée et notre potentiel ne peuvent pas être atteints en quelques années. Ils s'étendent sur toute la durée de notre vie sur terre. C'est pour cette raison que j'aime dire aux étudiants de notre École du Surnaturel : « Tout le monde peut être enflammé pour Dieu pendant un an. Alors revenez dans vingt ans pour m'inviter à prendre un café et me dire que vous êtes encore enflammé. » Ensuite je passe la majeure partie de l'année scolaire à leur enseigner les outils que j'ai découvert pour reprendre courage. Il est évident que les étudiants possèdent suffisamment d'initiative pour payer le prix de venir à l'école ; mais sans découvrir et employer les outils pour prendre soin de soi, je suis convaincu qu'ils ne seront pas en mesure de préserver le désir qui les a amené au départ. Je connais malheureusement grand nombre de responsables chrétiens qui sont dépourvus de cette capacité et qui au final souffrent car ils ont péché ou sont au bout du rouleau.

À présent, laissez-moi clarifier le fait qu'apprendre à se fortifier soi-même ne signifie pas développer un style de vie indépendant. Notre façon de vivre en tant que croyant est toujours centrée sur le service, l'amour et le lien qui nous unit au Corps de Christ. Mais pour pouvoir devenir mature et grandir en faveur afin de bénir notre entourage, Dieu permet des temps dans nos vies pendant lesquels nous avons à tenir ferme, seul, dans la difficulté et la mise à l'épreuve. Dieu aveuglera et fermera même les oreilles de nos amis les plus proches dans ces moments-là afin de nous apprendre à reprendre des forces par nous-mêmes. Nous devons reconnaître ce fait car je sais que beaucoup de croyants qui sont devenus amers, pensant que leurs amis les laissaient tomber au beau milieu d'une épreuve. Comprendre que la priorité de Dieu est de nous enseigner cette leçon nous évitera de tomber dans ce piège.

LA VICTOIRE EST UN STYLE DE VIE

Ce livre a été rédigé pour partager avec vous les moyens que le Seigneur m'a enseigné à utiliser pour trouver ma force en Lui. Mon but n'est pas de lister de manière exhaustive tous les outils cités dans les Écritures, mais de vous montrer les choses qui m'ont aidé à traverser des jours difficiles dans les tranchées. À mesure que vous lirez ces chapitres sur les choses que Dieu a placé dans votre arsenal, je désire que la *conviction* de la destinée de votre vie devienne plus profondément enracinée dans votre coeur. Il vous a équipé pour une grande victoire, pas seulement une percée, mais la libération et l'établissement de l'autorité de Dieu autour de vous. Néanmoins, vous êtes responsables d'utiliser ces outils pour reprendre courage et tenir ferme dans cette victoire. C'est une invitation à vie qui vous est faite, une invitation à avancer dans un lieu de faveur depuis lequel vous collaborez avec Dieu et écrivez l'histoire en qualité de roi et prêtre de Son choix. Relevons le défi !

Chapitre 2

RESTER CONNECTÉ
À SA DESTINÉE

*L'ennemi se sert du mensonge pour donner
aux problèmes d'avoir l'air plus grands
que les solutions que nous apportons.*

*Dieu n'a aucunement l'intention
de nous faire échouer,
toujours de nous faire grandir.*

Fortifiez-vous dans le Seigneur

Garder en tête tous les différents aspects de la vie chrétienne peut être étouffant. Il y a une liste de responsabilités, de toute évidence sans fin, dont il faut se charger. Il y a la question des relations que vous entretenez à l'intérieur et à l'extérieur de votre famille proche, de votre lieu de travail, de votre ministère, de votre engagement dans la communauté et de l'évangélisation. Puis il y a aussi la question des disciplines chrétiennes comme la prière, l'étude personnelle de la Bible, le témoignage, les réunions, le jeûne et la liste ne s'arrête pas là. La cerise sur le gâteau c'est que la plupart d'entre nous sommes capables de rendre des choses simples particulièrement compliquées. Pourtant Jésus a dépeint un style de vie simple, sans soucis, pas irresponsable mais sans soucis. Il semblerait que Salomon ait identifié une clef de ce style de vie du Royaume, il dit en effet : « *Garde ton cœur plus que toute autre chose : de lui viennent les sources de la vie.* » (Proverbes 4:23, NBS). Toutes les questions de nos vies coulent comme des fleuves d'un lieu central - le coeur – et ce que nous faisons pour administrer ce lieu détermine ce qui en

Fortifiez-vous dans le Seigneur

résulte dans nos vies.

Nous sommes constamment à un carrefour, c'est-à-dire entre le mystère et la révélation. Mon travail est de faire confiance à mon Père céleste au sujet des problèmes et situations que je ne comprends pas et de me centrer sur le fait de régir ma volonté selon ce que je sais être vrai. Le niveau des percées auquel j'expérimente la vie du Royaume dépend de ma capacité à veiller sur mon coeur. Autrement dit, ma réalité intérieure définit souvent la nature de ma réalité extérieure : si mon coeur prospère alors ma vie prospèrera.

Trouver sa force dans le Seigneur est une partie essentielle de la direction de notre coeur. Les outils que j'ai appris à utiliser pour me fortifier en l'Éternel sont devenus des réponses délibérées aux signaux d'alertes de mon coeur. Cependant, je ne peux y répondre correctement que si je reconnais et comprends déjà les signaux que mon coeur m'envoie. Si le voyant du réservoir d'huile de ma voiture s'allume et que ma réponse est de l'emmener à la station de lavage, il est clair que je ne comprends pas le sens de ce voyant lumineux. Pire encore, puisque le vrai problème n'a pas été réglé, bientôt, il se manifestera à nouveau mais cette fois par une panne. Quant à mon coeur, j'ai découvert que c'est seulement en établissant certaines vérités fondamentales dans mes pensées que je peux correctement employer les outils reçus pour reprendre des forces. Ces vérités concernent la nature de la réalité, la personne de Dieu et qui Il m'a appelé à être en me créant. Elles m'aident à identifier les signaux envoyés par mon coeur. Je partagerais dans ce chapitre certaines de ces réflexions pour servir de contexte afin de comprendre les outils que j'utilise pour puiser de nouvelles forces. Je détaillerais ces outils dans la suite de cet ouvrage.

LE CONTEMPLER POUR DEVENIR SEMBLABLE À LUI

Savez-vous que vos pensées et votre coeur sont intimement liés ? La pensée occidentale compartimente l'être humain en matière de pensée et de sentiment : le coeur ressent et l'esprit pense. Néanmoins, les Écritures disent : « ...*Car comme il* **a pensé dans son coeur**, *tel il est.* » (Proverbes 23:7)

La définition du mot hébreu pour « coeur » englobe en fait la totalité de votre « être intérieur ». Votre coeur est le siège de votre pensée, imagination, volonté, mémoire, conscience ainsi que de vos désirs, émotions et affections. Il est aussi le centre de votre communion avec l'Esprit de Dieu et possède la faculté de percevoir la réalité spirituelle. Les Écritures mentionnent cette perception spirituelle en parlant des « yeux de votre coeur ». Ainsi, votre coeur est ce qui vous permet d'avoir la *foi* qui est « *la démonstration des choses qu'on ne voit pas* » (Hébreux

Fortifiez-vous dans le Seigneur

11:1, LSG). Votre foi grandit à mesure que votre coeur, sous la conduite du Saint-Esprit, perçoit et comprend la dimension invisible de la réalité spirituelle. Ce royaume invisible gouverne le royaume visible et amène votre pensée et votre volonté à être conformes à la réalité du Royaume. Par nature, ce que je viens de décrire est le processus de renouvellement de l'intelligence.

Ce sur quoi nous nous *concentrons* intérieurement et avec lequel nous passons un accord dans la réalité spirituelle – que ce soit la réalité du Royaume de Dieu établit dans la vérité ou la réalité destructrice du royaume de l'ennemi basé sur des mensonges – autorise cette réalité à découler dans nos « problématiques de vie ». Quand nous fixons nos yeux sur une réalité spirituelle, la puissance de l'accord passé avec elle ajoute une autre dimension au principe selon lequel la vie découle du coeur : *vous devenez ce que vous contemplez.* Comme je l'ai dit dans le chapitre précédent, Dieu a clair sur notre devenir, le potentiel grâce auquel nous sommes tous appelés à grandir tout au long de notre vie. Nous devenons rois et prêtres sur cette terre, suivant l'exemple de Jésus, notre Frère Aîné. C'est pourquoi il nous est dit dans l'épître aux Hébreux de *fixer nos yeux sur Jésus* (cf. Hébreux 12:2). Notre but est de rester centrés sur Lui car nous devenons semblables à Celui que nous contemplons. Le degré auquel nous comprenons notre identité et notre destinée – qui nous devenons – est toujours conditionné par notre degré de révélation sur Jésus. Il est la représentation exacte du Père à l'image duquel nous avons été créés.

Contempler Jésus ne peut pas être réduit à lire ce qui Le concerne dans les Écritures. Il est mort afin que le même Esprit qui était en Lui et reposait sur Sa personne – lui donnant constamment accès à ce que le Père disait et faisait – puisse être envoyé afin de vivre en nous. La vérité est que chaque croyant a accès, en permanence, à la présence manifeste de Dieu. Nous sommes un ciel ouvert. Mais c'est à nous de profiter de l'avantage de cet accès et nous le faisons en fixant nos yeux sur Lui. C'est seulement dans ce lieu de communion avec Lui que nous apprenons à Le *connaître* et par conséquent, à obtenir la révélation de notre identité et de notre destinée. Alors que nous acceptons la *révélation* de Sa personne, la *réalité* de Sa personne commence à couler dans nos vies et nous transforme à Sa ressemblance. Toute l'abondance qui se déverse dans nos vies découle de ce lieu d'intimité avec l'Éternel.

ACCEPTER L'INVISIBLE

Puisque notre communion avec le Seigneur est la source d'alimentation de nos vies et qu'elle nous relie à notre destinée éternelle de rois et prêtres sur la terre, le royaume des ténèbres concentre tous ses efforts pour nous en déloger et nous recentrer

Fortifiez-vous dans le Seigneur

sur autre chose. L'ennemi sait que notre travail, à mesure que nous avançons dans notre fonction d'autorité déléguée, est de détruire ses oeuvres, c'est-à-dire rapprocher la réalité invisible du Royaume de Dieu et la réalité non rachetée de nos conditions. La réalité inférieure de nos conditions physiques est toujours soumise à la réalité supérieure du Royaume, mais nous ne pouvons libérer le Royaume qu'à la mesure de ce que notre coeur et notre pensée acceptent. L'ennemi utilise donc les mensonges de l'accusation et de l'intimidation pour générer des problèmes et des conflits dans nos vies qui paraissent plus grands que les solutions que nous y apportons. Ces problèmes et ces conflits résultent de l'incohérence entre les réalités du Ciel et de la terre.

Dans les moments où nous sommes confrontés au choc entre les royaumes visibles et invisibles, il faut savoir que Dieu a un programme et l'ennemi en a un autre. Nous choisissons toujours de collaborer avec l'un ou l'autre. Ce faisant, deux choix s'offrent à nous. Le premier est de décider de voir cette situation comme une mise à l'épreuve qui révèle et fortifie notre foi et notre caractère pour avancer dans notre destinée et montré à Dieu qu'Il peut nous confier davantage de Lui. Le second est de laisser cette situation nous attirer loin de Dieu, dans l'amertume, le doute, l'anxiété et la déception. Ce choix devrait véritablement être facile pour nous. Je veux dire, qui se soucie du programme proposé par l'ennemi ? Le projet de Dieu est si glorieux et Son amour et Ses desseins pour nos vies sont tellement grands que tout le reste pâlit à côté de ça. Nous devrions tous être comme Néhémie qui, quand les ennemis d'Israël ont essayé de le faire sortir de la ville pour des pourparlers dans la vallée d'Ono, a répondu : « *J'ai un grand travail à exécuter et il m'est impossible de me rendre auprès de vous. Je n'ai pas de raison d'interrompre l'ouvrage en l'abandonnant pour aller vous rencontrer.* » (Néhémie 6:3, BDS)

Cependant, la vérité est que nous ne pouvons ignorer l'ennemi qu'à la condition d'être fermement convaincu que nous accomplissons une grande oeuvre pour l'Éternel, une oeuvre pour laquelle Il nous a mandatés. Notre *mission en collaboration* avec Lui vient de notre *sou(s)-mission* à Sa première mission : vivre « sur la terre comme au Ciel ». Seules une dévotion passionnée pour Dieu et une conviction indéfectible de l'identité et de la destinée qu'Il nous a données surpasseront la détermination de l'ennemi à nous distraire. Si nous ne sommes pas convaincus

> L'ennemi se sert du mensonge pour donner aux problèmes d'avoir l'air, plus grands que les solutions que nous apportons.

de la nature de notre destinée, nous entretiendrons alors les mensonges de l'ennemi et nous inviterons son oeuvre destructrice dans nos vies. La clef pour détenir cette conviction et cette passion est encore une fois de garder nos yeux fixés sur l'Éternel et sur ce qu'Il dit de nous. L'une des explications les plus poignantes des Écritures au sujet de l'insuccès d'Israël à avancer dans son alliance avec Dieu se trouve au verset 9 du premier chapitre des Lamentations (NBS) : « *Elle n'a pas songé à son avenir. Elle est tombée dans une déchéance inouïe...* » Jérusalem avait une formidable destinée mais son incapacité à la prendre en considération l'a menée à une déchéance inouïe. Sa destruction a été proportionnelle à son potentiel de grandeur. Dans la création divine, nous sommes ceux qui avons le plus important potentiel de grandeur ; c'est la raison pour laquelle nous voyons les humains être capables de faire le mal et de causer de grandes destructions. La clef qui mène soit à de grands desseins, soit à une grande destruction, se trouve là où nous choisissons de fixer nos regards. En sachant cela, nous devrions agir en vue de garder jalousement notre intimité avec l'Éternel.

VICTOIRE PERSONNELLE – BENEDICTION COLLECTIVE

Vous l'avez peut-être remarqué, mais les épreuves que

RESTER CONNECTÉ À SA DESTINÉE

David a endurées visaient directement sa capacité à rester centré sur son identité et sa destinée. Il était mis à l'épreuve en faisant face à des situations qui s'opposaient clairement à la Parole que Dieu avait proclamé sur sa vie. Son rôle était d'ignorer les projets de l'ennemi et de développer la force de caractère que Dieu recherchait. C'est comme si Dieu lui disait : « Très bien David, je t'ai appelé à être un homme selon Mon coeur et je t'ai oint roi d'Israël. Telle est ta destinée. Seras-tu un roi selon mon coeur quand l'homme qui occupe actuellement ta position t'attaquera, te pourchassera et fera tout ce qu'il peut pour entraver ta destinée ? Seras-tu ce roi quand les juifs que tu es appelé à gouverner prévoient de te livrer à l'ennemi ? Seras-tu ce roi quand ton armée sera une bande de ratés ? Seras-tu ce roi quand ton palais sera une grotte dans le désert ? Seras-tu ce roi quand tes plus proches amis te renieront et menaceront ta vie ? Si tu peux trouver ta force en Moi, alors tu peux te voir confier la tâche de régner quand le temps sera venu. »

Les actes de David prouvent qu'il croyait aux promesses de Dieu pour sa vie. De la même manière, les difficultés de nos vies révèlent à quel point nous croyons que Dieu est avec nous et que Ses paroles au sujet de notre destinée sont vraies. C'est la nature même de la foi – elle n'est pas un consentement intellectuel avec des vérités mais une confiance concrète que nous exprimons à l'égard de Dieu sur la base de ce que nous

Fortifiez-vous dans le Seigneur

connaissons de Lui au travers de notre relation. Nous exprimons cette confiance en faisant le choix de l'écouter Lui, plus que tout autre voix, au coeur des situations que nous rencontrons et en y répondant selon ce qu'Il nous a dit. Les outils que David a utilisés pour reprendre courage lors de ses mises à l'épreuve devaient être des exercices qui le gardaient en lien avec Dieu et Sa Parole, car ce qu'il a accompli lors de ces épreuves était cohérent avec la Parole reçue pour sa vie et a suscité un objectif pour son entourage.

Je m'aventurerais à dire que les choses que David a faites pour se fortifier étaient pour certaines, les mêmes qu'il a employées pour communier avec le Seigneur *avant* d'entrer dans ce temps d'épreuve. Il ne s'est pas rendu dans le désert sans les armes nécessaires pour surmonter les défis auxquels il ferait face. Dieu l'y a conduit car il était prêt – il n'était pas encore prêt pour la royauté mais pour une série d'épreuves qui croîtraient en difficulté à mesure qu'il prouverait qu'il était assez fort pour les surmonter. Ceci révèle une vérité sur la nature de Dieu qui devrait nous donner une raison de lui faire confiance lorsque nous faisons face à des défis dans nos vies. Cette vérité est d'être toujours préparé pour le temps que vous vivez car Dieu ne manque jamais de vous donner au préalable les outils dont vous avez besoin. Vous pouvez découvrir cette facette de Sa nature dans cette histoire tirée de l'Exode :

> *Quand le pharaon eut laissé partir le peuple d'Israël, Dieu ne les conduisit pas par la route du pays des Philistins, bien qu'elle fût la plus directe, car il s'était dit : « S'ils devaient affronter des combats, ils pourraient regretter leur départ et retourner en Egypte. »* (Exode 13:17, BDS)

Dieu garda les Israélites à l'écart d'un défi qu'ils n'étaient pas prêts à relever. La vérité qui en résulte est que les batailles et les épreuves vers lesquelles Il les a menés étaient des défis auxquels Il les avait préparés. Dieu est un bon Père. Il n'a aucunement l'intention de nous faire échouer, seulement de nous faire grandir. Tout comme je n'enverrai jamais mes propres enfants au-devant d'un défi pour lequel ils n'ont pas été préparés, Dieu ne le fait pas non plus. Il ne nous met jamais en position d'échec – Il nous donne seulement une occasion de grandir !

LA PRIÈRE ANGULAIRE DE LA RÉVÉLATION : DIEU EST BON

Je crois qu'en cas de crise, beaucoup de croyants tombent dans le piège de la peur et de l'anxiété car ils permettent à l'ennemi de les distraire avec succès des outils qui se trouvent déjà dans leur arsenal pour la surmonter. Nous nous sentons facilement pris de cours par des évènements inattendus ; mais

Fortifiez-vous dans le Seigneur

rien ne surprend Dieu. C'est pourquoi Il nous prépare à ce qui vient. Se souvenir qu'Il a anticipé et nous a préparés est une chose simple mais qui fait toute la différence dans nos réactions face à la difficulté. Quand nos coeurs sont ancrés dans cette vérité au sujet de Sa nature, nous sommes conduits à faire l'inventaire de nos outils et à les utiliser quand nous affrontons un défi. Le socle d'une réponse automatique de notre part est l'ardente conviction que Dieu est bon, toujours bon ! Douter de Sa bonté, chercher des explications à des choses que nous ne comprenons pas (source de bien des mauvaises théologies) ou tomber dans l'anxiété et la déception ne feront pas partir de nos options. C'est comme avoir la bonne réaction quand le voyant d'huile s'allume dans notre voiture. Quand la vérité au sujet de la bonté de Dieu *n'est pas* solidement ancrée dans nos coeurs, nous ne sommes pas simplement privés de notre rôle dans le conflit. Nous sommes également dépourvus de la sensibilité de coeur, de la foi nécessaire pour voir les outils que Dieu nous a donné afin de nous préparer en amont de ce défi. Nous apprenons cette leçon des disciples de Jésus. Peu après qu'ils aient été témoins du miracle avec les pains et les poissons, les disciples se trouvaient dans un bateau au beau milieu d'une tempête sur le lac. Au coeur de la tempête, Jésus marcha sur l'eau pour les rejoindre et calma la tempête. Les disciples étaient dépassés par Sa démonstration de puissance, par leur incrédulité et probablement par leur propre manque de préparation à faire face à un autre obstacle de leur propre autorité. Marc expliqua leur réaction en disant : « ... *Car ils n'avaient pas compris le miracle des pains, parce que leur cœur était endurci.* » (Marc 6:52, LSG) Dans cette saison de Son ministère, Jésus formait Ses disciples à faire ce qu'Il faisait. Tous les miracles qu'Il a accomplis sous leurs yeux était une leçon sur la nature de Dieu et une invitation pour qu'ils vivent sur la base de cette révélation. En calmant la tempête, Il avait démontré une dimension de la puissance et de l'autorité de Dieu qui était logiquement liée à la puissance et à l'autorité dont Il avait fait preuve un peu plus tôt avec le miracle de la multiplication. C'est comme s'Il leur avait appris la multiplication puis qu'Il soit passé à l'algèbre alors que les disciples n'avaient pas encore compris la première leçon. Ils ne pouvaient pour l'instant pas aller plus loin.

> Dieu n'a aucunement l'intention de nous faire échouer, toujours de nous faire grandir.

Pourquoi n'avaient-ils pas saisi la leçon de la multiplication du pain ? Parce que leurs coeurs étaient endurcis. Ils manquaient d'une foi basique en la personne de Dieu. Ils ne comprenaient pas Sa manière de faire pour les amener à apprendre ce qu'Il

Fortifiez-vous dans le Seigneur

leur enseignait et ainsi les préparer à la vie et au ministère - dans ce cas précis, essuyer une tempête. Constater qu'il est possible d'être parfaitement obéissant aux commandements du Seigneur (trouver de la nourriture et la distribuer à des multitudes), être utilisé pour accomplir un miracle mais ne toujours pas saisir les outils que l'Éternel a mis à notre disposition à cause d'un coeur endurci ; voilà une leçon qui donne à réfléchir ! La réprimande de Jésus leur donna une chance de se repentir afin qu'ils puissent retrouver ce à côté de quoi ils étaient passés lors du miracle.

Notre capacité à être connecté à ce que Dieu fait au coeur de situations difficiles dépend de notre aptitude à nous souvenir de qui Il est et de ce qu'Il a fait dans nos vies, c'est-à-dire notre histoire personnelle avec Lui. Je vous garantis que si vous êtes actuellement dans une situation qui semble au-delà de votre force ou que vous ne comprenez pas et prendre du temps pour passer en revue votre histoire avec le Seigneur lors des 12 derniers mois environ, vous permettra de toujours trouver un outil à utiliser. Cet outil peut être par exemple : une parole prophétique, un verset qui vous avez sauté aux yeux, un témoignage ou un plan de prière que Dieu a placé dans votre arsenal, quelque chose qui contient une clef pour surmonter la situation présente. Vous pourrez aussi avoir besoin de vous repentir de tout endurcissement de votre coeur qui vous a empêché d'accéder à ce qu'Il avait mis à votre disposition.

À mesure que vous êtes davantage convaincu d'être une personne dotée d'une forte identité et d'une grande destinée, d'être prêt pour cet instant et d'être soutenu par le Ciel qui attend d'assurer vos arrières, votre perception des forces les plus efficaces pour votre vie va basculer en choisissant d'être fidèle à votre dessein. Cette perception vous rendra ouvert aux leçons sur les réalités invisibles qui vous entourent. Un tel basculement rend l'apprentissage naturel.

Joseph a découvert ces choses en entrant dans sa destinée. Il a vu que les plans de Dieu et Ses desseins avaient un temps et une puissance qui l'emportaient sur les plans odieux de ses frères. Il dit : « *Le mal que vous comptiez me faire, Dieu comptait en faire du bien, afin de faire ce qui arrive en ce jour, pour sauver la vie d'un peuple nombreux.* » (Genèse 50:20, NBS) Son affirmation ne nie pas la réalité : ses frères ont fait des choix qui ont affecté sa vie. Cependant, il se concentre sur la réalité supérieure que leurs plans ne pouvaient pas annihiler le dessein de Dieu pour lui. En fait, leurs mauvaises intentions sont devenues les outils que Dieu a précisément employés pour amener Joseph à sa promotion et à l'accomplissement suprême de la promesse de Dieu. Bien que Dieu ne génère pas le mal, le mal ne limite pas la capacité de Dieu à réaliser tout ce qu'Il a prévu de faire en nous.

Fortifiez-vous dans le Seigneur

LES BÉNÉFICES DU CONFLIT

C'est une autre raison qui nous encourage à ne jamais nous soucier de ce que l'ennemi pourrait projeter de faire. (Je ne renie pas notre besoin de discernement mais celui-ci ne sert en aucun cas à accorder une attention excessive au diable. Ce don est surtout donné pour reconnaître les fréquences que l'ennemi utilise afin d'en couper le son.) Le diable n'a jamais été une menace pour Dieu. Dieu pourrait aisément anéantir la totalité du royaume des ténèbres en un instant. Il a décidé qu'il serait plus profitable et glorieux de partager Sa victoire avec des fils, et des filles, créés à Son image et qui pourraient mettre en valeur ce à quoi Il ressemble. Dieu ne dédaigne pas à utiliser le diable comme un pion pour accomplir Ses desseins, simplement comme Il a utilisé Pharaon comme ennemi d'Israël. Le Psaume 105 qui retrace le parcours d'Israël en Egypte et leur exode triomphal raconte :

> *Dieu multiplia prodigieusement son peuple et le rendit plus puissant que ses adversaires. Il changea leur attitude : ils se mirent à haïr le peuple de Dieu, à préparer le malheur de ses serviteurs. Alors il leur envoya Moïse, son serviteur, Aaron qu'il avait choisi. En Egypte, ils accomplirent sur son ordre des miracles et de grands prodiges au pays de Cham... et il fit sortir les siens avec de l'argent, de l'or. Parmi les tribus, il*

n'y eut pas de traînard. Les Egyptiens se réjouirent de les voir partir, car devant ce peuple, ils étaient saisis de crainte. (Psaume 105:24-38, BDS)

En essence, ce verset dit que Dieu a envoyé Israël en Égypte afin qu'Il puisse s'engager dans un combat. Il a béni et multiplié Son peuple jusqu'à ce qu'ils deviennent une menace pour l'ennemi, puis Il alla voir l'ennemi, endurci leurs coeurs et les provoqua. Cette mise en place divine a justifié Son soulèvement au nom de Son peuple, démontrant Ses signes, déversant les plaies sur les Égyptiens et amenant les Israélites, chargés d'un butin, hors du pays. Quelle stratégie !

Dieu ne nous prépare donc pas seulement au conflit, Il nous conduit au coeur de celui-ci. Je ne dis pas qu'Il est la cause des difficultés de nos vies. Il ne l'est pas et n'a jamais été le genre de Père qui amène tourments, maladies ou persécution dans la vie de Ses enfants pour leur apprendre à davantage ressembler à Christ. Lorsque nous recherchons notre destinée en Dieu, toutes les situations de nos vies oeuvrent ensemble à son accomplissement. Nous n'avons jamais à vivre des temps de conflits dépourvus d'un but divin car Dieu peut gagner quelles que soient les cartes qu'Il a en main, même avec une paire de deux.

En réalité, Il *a* déjà gagné. Notre rôle est d'aligner nos coeurs avec la réalité de la victoire à la Croix afin d'être en mesure de voir Ses desseins et Sa rédemption à l'oeuvre autour de nous. Ensuite, nous sommes capables de discerner comment nous associer au Ciel dans les situations que nous rencontrons. Les gens qui possèdent cette perspective se démarquent car ils se réjouissent quand ils rencontrent un problème. Ils savent que c'est leur mission, leur privilège et leur joie de voir les impossibilités et les problèmes plier le genou au nom de Jésus.

LES PREMIÈRES LIGNES DE LA BATAILLE : UN LIEU SÛR

Alors que chaque croyant a une mission différente en fonction de ses dons et de ses talents uniques, ces mandats servent à accomplir un dessein : l'établissement du Royaume « *sur la terre comme au Ciel.* » Comme le dit la Parole, ce Royaume « *se force un passage avec violence* » (cf. Matthieu 11:12, BDS) pour tout d'abord supplanter les attitudes de l'homme charnel dans nos propres vies puis pour détruire les oeuvres du diable qui nous entourent. La violence de ce processus peut parfois sembler écrasante mais il est plus sûr de rester au coeur de ce conflit que d'adopter une approche défensive et conservatrice de la vie chrétienne. À tout moment, le lieu où nous sommes le plus en sécurité dans nos vies est dans une recherche passionnée de Dieu et des desseins auxquels Il nous a appelés. Une quête passionnée nous place en position d'avancement. Vivre sur la défensive pour protéger ce que nous avons est assez dangereux. Demandez simplement à l'homme qui a enfoui sous terre son seul talent (cf. Matthieu 25:18-28).

Notre mandat et notre destinée sont de faire avancer le Royaume et avec cela vient une égide de grâce et de faveur qui s'occupe de préserver nos vies quoi qu'il puisse se passer autour de nous. À l'instant où nous optons pour un rôle secondaire dans notre quête du Royaume, nous nous exposons aux flèches enflammées de la tromperie.

Plus notre pensée est fondée sur la véracité de la réalité, plus nous comprendrons à quel point nous occuper de notre coeur est une priorité. Le point de départ de votre destinée se trouve dans votre coeur. Plus vous contemplez la face de Jésus avec les yeux de votre coeur, plus vous voyez qui vous devenez. Plus votre énergie et vos pensées sont centrées sur votre destinée, plus votre passion et votre conviction grandissent : « Je vis pour être enflammé pour Dieu. Je vis pour Le faire connaître. » Votre passion et votre conviction vous offrent un moment clef pour rechercher cette seule chose de laquelle toutes les autres passions et autres desseins découlent. Votre quête est l'élément déclencheur qui attire le Ciel afin qu'Il vous emmène vers cette destinée.

À mesure que je me fraye un chemin au travers des défis et des obstacles sur l'autoroute de ma destinée, j'observe les signaux d'alertes de mon coeur. Je dois maintenir ma connexion

Fortifiez-vous dans le Seigneur

à la Source de la vie. Vraiment, il n'y a qu'un seul voyant : le voyant de la jauge d'huile. C'est l'huile de Sa présence qui me donne tout ce dont j'ai besoin et m'oint pour atteindre mon but. Cependant, Il me donne seulement la mesure de Sa présence que je suis disposé à jalousement garder. Je dois donc me bâtir une force de volonté et de caractère pour concentrer mon énergie à porter Sa présence avec excellence. Je ne peux pas me permettre de laisser les circonstances de ma vie me distraire un seul instant d'entretenir le feu dans mon coeur et ce, même si je dois l'entretenir seul.

Chapitre 3

DÉSARMER L'ENFER PAR LA RECONNAISSANCE

La reconnaissance nous garde sains et vivants.

Fortifiez-vous dans le Seigneur

Lorsque vous êtes né de nouveau, le désir de plaire à Dieu et de faire Sa volonté est devenu partie intégrante de votre nature. Vous n'avez pas à vous efforcer de le faire ; cela vient naturellement. Bon nombre de croyants ne savent pas que si Dieu a placé ce désir en nous, ce n'est pas pour ensuite rendre Sa volonté obscure au point que nous soyons incapables de la découvrir et de l'accomplir. Au travers d'une relation intime avec Jésus-Christ, la volonté divine devient instinctivement la volonté des croyants.

La volonté de Dieu n'est pas compliquée. Beaucoup de jeunes me demandent de prier pour eux parce qu'ils veulent juste savoir découvrir la volonté de Dieu pour leurs vies. Je leur dis souvent que je sais déjà quelle est la volonté de l'Éternel. Elle se trouve dans la prière faite par le Seigneur : « *Que ta volonté soit faite sur la terre comme au ciel.* » (cf. Matthieu 6:10) La volonté de Dieu est simplement que la réalité céleste devienne la réalité terrestre.

Fortifiez-vous dans le Seigneur

NOTRE RÔLE DANS L'ACCOMPLISSEMENT DE LA PAROLE « *COMME AU CIEL* »

Nous sommes l'autorité que Dieu a déléguée. En tant que tels, notre obéissance joue un rôle important dans le fait de voir la volonté de Dieu s'accomplir sur la terre. Paul nous enseigne dans 1 Thessaloniciens 5:16-18 : « *Soyez toujours joyeux. Priez sans cesse. Rendez grâces en toutes choses, car c'est à votre égard* **la volonté de Dieu en Jésus-Christ**. » Deux choses ressortent de cette déclaration. Tout d'abord, la volonté de Dieu n'est pas seulement centrée sur le fait de devenir médecin ou enseignant ou de choisir entre un jambon beurre et un pain bagnat pour le déjeuner. Elle est centrée sur ce que nous mettons en oeuvre pour disposer nos coeurs dans notre relation à Dieu - en tout temps et en toute circonstance. Deuxièmement, se réjouir, prier et rendre grâce sont des actes de *notre* volonté qui, notamment en période de difficulté, de faiblesse et d'incertitude, nécessitent de la foi. Ce sont des exercices qui attirent notre attention sur le Ciel afin que nous puissions agréer à la vérité, en dépit de ce que nous percevons ou ressentons avec nos sens physiques et nos émotions. Notre assentiment est ce qui attire la force et la réalité du Ciel dans nos vies et situations. Il paraît donc sensé que ces activités accomplissent la volonté de Dieu exprimée dans la prière du Seigneur : *sur la terre comme au Ciel*. La première étape pour amener le ciel sur la terre est d'avoir un

DÉSARMER L'ENFER PAR LA RECONNAISSANCE

coeur transformé.

La joie, la prière et la reconnaissance sont des outils vitaux pour puiser de nouvelles forces dans le Seigneur car elles attirent le Ciel. Vous remarquerez que ces choses sont toutes censées être vécues de manière continue dans nos vies. Elles ne sont pas réservées aux crises ou aux jours saints. Elles sont un style de vie, comme le sont tous les outils que nous employons pour nous fortifier. L'une des grandes raisons à cela est qu'au beau milieu des difficultés ou d'une crise, il est généralement difficile, si ce n'est impossible, de s'arrêter et de réfléchir à la façon dont nous devrions réagir. La difficulté a une manière d'exposer la mesure à laquelle nos vies et nos esprits ont été véritablement transformés par une perspective céleste et qui rend certaines réactions habituelles. Les choses que nous mettons en pratique comme style de vie nous équipent pour les temps difficiles.

Dans les deux chapitres suivants je vous présenterai quelques moyens employés par le Seigneur pour m'apprendre à me *réjouir* et à *prier*. Je vous partagerai également les révélations que j'ai reçues sur comment et pourquoi ces choses nous redonnent de la force. Mais avant-tout cela, je vais aborder dans ce chapitre le thème de la *reconnaissance*.

La reconnaissance est en accord avec le Ciel car elle reconnaît la vérité selon laquelle nos vies sont un don de Dieu

Fortifiez-vous dans le Seigneur

et qu'Il en est souverain. Dieu est d'une générosité extravagante et la vie qu'Il nous a donnée de vivre sur cette planète n'est pas de la « survie » mais une existence remplie d'abondance et de bénédictions. Toutefois, nous ne serons pas capables de goûter à cette vie sans correctement reconnaître ce qui nous a été donné. C'est la réalité de recevoir un don. Si nous ne comprenons pas ce qui nous a été offert, nous ne comprendrons pas son but et nous ne serons donc pas en mesure d'en connaître les bénéfices.

Imaginez que ce soit le matin de Noël. Vous avez passé les dernières semaines à faire des courses et à choisir des cadeaux uniques pour chacun des membres de votre famille afin de leur montrer combien vous connaissez intimement leurs centres d'intérêts et leurs désirs. Vous n'avez pas regardé à la dépense pour trouver des cadeaux de grande qualité qui seront à la fois agréables et bénéfiques à chacun. Toutefois, quand votre famille s'approche du sapin, une personne ignore complètement les cadeaux. Une autre ouvre son cadeau et commence à l'utiliser à mauvais escient. Une autre se contente de tenir le cadeau qu'elle a reçu et refuse de le déballer. Pour aggraver la situation, aucun d'entre eux ne reconnaît que c'est vous qui leur avez offert ces cadeaux. Pouvez-vous voir à quel point ces réactions ne sont pas seulement folles mais aussi profondément nuisibles à la relation ?

Malheureusement, c'est ainsi que de nombreux chrétiens

DÉSARMER L'ENFER PAR LA RECONNAISSANCE

répondent aux dons de Dieu et en particulier aux dons du Saint-Esprit. Beaucoup n'ont pas réussi à accueillir ce que l'Éternel leur avait offert car ils n'ont pas compris la nature de ces dons ou comment les employer. Ils disent des choses ridicules comme : « Le don des langues est le moindre de tous donc je n'ai pas besoin de le rechercher. » Si mes enfants disaient cela à propos de l'un des cadeaux que j'ai mis sous le sapin, je serais vraiment très bouleversé. Je lui dirais : « Mais c'est le tien ! Je m'en fiche que tu penses que c'est trop petit. Je l'ai acheté en pensant à toi et je n'offre pas de cadeaux bon marché. Si seulement tu l'ouvrais, je pourrais te montrer ce que c'est et comment l'utiliser. » Un tel rejet des dons relève d'une arrogance absolue.

La reconnaissance véhicule une attitude d'humilité. Les actions de grâce sont la seule manière décente d'accueillir ce que Dieu nous a donné car cela honore notre relation avec Lui en exprimant notre confiance en Sa bonté, même si nous ne comprenons pas encore ce que nous avons reçu. Dieu nous donne « tout don parfait et excellent » pour deux principales raisons. Il donne pour nous rendre prospère afin que nous réussissions dans la vie et Il donne pour témoigner de Son amour comme une invitation à entrer en relation avec Lui. Quand nous mettons en pratique la reconnaissance comme un style de vie, nous reconnaissons que les dons que nous avons reçus du

Seigneur ont été offerts avec ces desseins. La reconnaissance nous entraîne dans une course pour connaître Dieu au coeur d'une relation et découvrir les raisons pour lesquelles Il nous a créés.

LE GRAND PRIX DE PETITS MERCIS

Quand Dieu nous dit de lui rendre des actions de grâces, Il ne sous-entend pas qu'Il donne afin d'obtenir quelque chose de notre part. Il ne nous manipule pas avec Ses dons. Il désire que nous le remerciions parce que la reconnaissance admet la vérité au sujet de nos vies. En nous accordant avec la vérité, la vérité nous rend libre de voir et de manifester la grandeur qu'Il a placées en nous comme étant ceux qu'Il a créés à Son image. Lorsque nous refusons d'être reconnaissants envers Dieu, nous nous séparons nous-mêmes de ce que nous sommes. C'est ce que Paul explique aux Romains :

> *La colère de Dieu, en effet, se révèle depuis le ciel contre toute l'impiété et l'injustice des gens qui tiennent la vérité captive dans l'injustice... puisque, tout en ayant connu Dieu, ils ne l'ont pas glorifié comme Dieu et **ne lui ont pas rendu grâce** ; mais ils se sont égarés dans des raisonnements futiles, et leur cœur sans intelligence a été plongé dans les ténèbres.*
> (Romains 1:18-21, NBS)

DÉSARMER L'ENFER PAR LA RECONNAISSANCE

Paul dit essentiellement que Dieu n'a pas gardé Son identité secrète. Connaître Dieu n'est pas difficile. En fait, c'est la chose la plus évidente au monde. Tout ce que vous avez à faire c'est de Lui rendre gloire car Il est Dieu et d'être reconnaissant. Cette réponse, du fait qu'elle est en accord avec la vérité, vous donne accès aux vastes trésors de la connaissance de Dieu. Cependant, sans cette réponse, vos pensées deviennent *futiles* et votre coeur est *assombri*. Futile signifie « sans but ». Quand nous n'arrivons pas à être reconnaissants en toutes choses dans nos vies, notre pensée est coupée de notre raison d'être en Dieu. Lorsque nous perdons de vue notre destinée, nous faisons inévitablement des choix qui sortent des intentions de Dieu pour nos vies et qui ne peuvent être que destructeurs car cela oeuvre à l'encontre de Son dessein pour nous. Un coeur sombre est un coeur qui est incapable de percevoir la réalité spirituelle. Il n'est pas touché par les désirs et les affections de l'Éternel et par conséquent, il ne peut répondre à son invitation à être en relation, relation qui est la source de la vie. Paul continue d'expliquer au chapitre 1 de l'épître aux Romains, qu'un coeur plongé dans les ténèbres pervertit nos désirs et nous conduit dans toutes sortes de péchés qui dégradent notre identité et nos relations. Le manque de reconnaissance a laissé une porte ouverte par laquelle le péché le plus perverti connu dans l'humanité a pu entrer.

Fortifiez-vous dans le Seigneur

LA NATURE PURIFICATRICE DE LA RECONNAISSANCE

Puisque la reconnaissance nous garde sains et vivants en nous reliant à la source de notre vie et à notre destinée, il est logique que Paul nous enseigne d'être reconnaissants « en tout ». La reconnaissance nous garde sains et vivants. Il existe toutefois une dimension spécifique de la reconnaissance qui est particulièrement puissante en période de difficulté et d'adversité. Nous trouvons ce principe dans la première lettre de Paul à Timothée.

> *Pourtant l'Esprit dit expressément que, dans les derniers temps, quelques-uns s'éloigneront de la foi pour s'attacher à des esprits d'égarement et à des enseignements de démons... (ils) prescrivent de s'abstenir d'aliments que Dieu a créés pour qu'ils soient pris avec actions de grâces par ceux qui sont croyants et qui connaissent la vérité. Or tout ce que Dieu a créé est bon, et rien n'est à rejeter, pourvu qu'on le prenne avec actions de grâces, car tout est consacré par la parole de Dieu et la prière.* (1 Timothée 4:1-5, NBS)

La nourriture était l'un des sujets sensibles les plus « discutés » dans l'église primitive, notamment les aliments offerts aux idoles. Les croyants juifs et non-juifs craignaient de la même manière que cette nourriture soit souillée en ayant été consacrée à des esprits

DÉSARMER L'ENFER PAR LA RECONNAISSANCE

démoniaques. De faux enseignants de l'époque s'appuyaient sur cette superstition et provoquaient toutes sortes de servitude et de division. Il est intéressant de noter dans ce passage que Paul ne démythifie pas la superstition en disant que la nourriture consacrée aux idoles est impuissante. Il explique simplement qu'allier la reconnaissance à la Parole et à la prière suffit pour annuler la consécration et en produire une plus forte : une consécration à l'Éternel. Il dit que la reconnaissance *sanctifie* tout ce à quoi elle se rapporte.

La sanctification est un sujet important tout au long des Écritures. Dans l'Ancien Testament, elle était premièrement associée aux rites spécifiques que Dieu avait prescrits pour mettre à part divers instruments, récipients et meubles utilisés lors des sacrifices dans le tabernacle de Moïse puis dans le temple de Salomon. Par exemple, quand un forgeron avait fini de façonner un bol destiné à être utilisé pour les sacrifices, il devait être aspergé du sang provenant de l'autel. À partir de là, il n'était plus jamais utilisé pour autre chose que le service des sacrificateurs dans le temple. Il était complètement mis à part pour Dieu : sanctifié.

> La reconnaissance nous garde sains et vivants.

Fortifiez-vous dans le Seigneur

Dans le Nouveau Testament, les croyants sont sanctifiés par le sang de Jésus et mis à part pour Dieu. Cette sanctification est même plus puissante. En effet, nous ne devenons pas seulement un canal qu'Il peut utiliser pour accomplir Ses desseins, le processus même par lequel Sa vie, Sa puissance et Son amour coulent au travers de nous, nous transforme à Son image. Nous devenons *semblables* à Celui avec qui nous sommes mis à part.

Quand Paul dit que la reconnaissance sanctifie la nourriture impure, il dit qu'elle la met à part pour Dieu et Ses desseins. L'action de grâce change en fait la nature même de la nourriture en quelque chose de saint. Cette vérité s'étend au-delà de la nourriture impure. Son prolongement s'applique à toutes les situations de votre vie, dans lesquelles vous découvrez d'autres puissances à l'oeuvre en parallèle de la puissance de Dieu. Il est vital de se souvenir que tout ce qui arrive dans une vie n'est pas le fruit de Sa volonté. Il n'a pas provoqué la crise que traverse une nation ou un individu. De fait, il *ne peut pas* donner de mauvaises choses car Il n'en possède aucune. On ne peut donner que ce que l'on a. Dieu donne des dons excellents car Il est bon et qu'Il n'a que de bons présents à offrir. Savoir être reconnaissant en tout ne signifie pas que l'adversité vient de Dieu. Savoir rendre grâce au coeur de l'adversité - difficulté destinée à miner votre foi et vous détruire - vous rend donc capable de vous emparer de cette situation et la mettre à part pour Dieu et Ses projets. Lorsque vous rendez grâce, l'arme utilisée par l'ennemi pour vous faire dévier de votre destinée divine est placée entre vos mains et devient la chose qui va précisément vous amener à davantage accomplir ce dessein. Jésus a déclaré qu'Il nous a envoyés avec le même mandat que le Père lui avait confié, c'est-à-dire détruire les oeuvres du diable (cf. 1 Jean 3:8). La reconnaissance accomplit la justice divine du Royaume là où l'ennemi est détruit par ce qu'il a précisément utilisé pour nous anéantir. Le simple fait de savoir que nous pouvons participer à la destruction des projets fondés par l'ennemi devrait à lui seul nous pousser à être reconnaissants !

LIBÉRER LA JUSTICE

L'un des exemples les plus clairs de justice divine qui est rapporté dans la Parole se trouve dans le livre d'Esther. C'est l'histoire de Haman qui fut pendu sur la potence qu'il avait construite pour détruire Mardochée. Plus tard, la justice fut rendue encore plus complète lorsque ce dernier assuma la fonction de Haman à la cour du roi. Ce qui est merveilleux dans cette histoire c'est que Mardochée n'a pas eu à se rendre justice lui-même. Il resta simplement concentré sur son devoir envers le roi païen et envers son peuple. Telle est la nature du combat dans le Royaume. Nous ne luttons pas en nous concentrant sur le diable. Nous gardons notre attention centrée sur le Roi et Son

Royaume et le diable ne peut qu'être évincé par le gouvernement toujours croissant de Dieu qui est libéré au travers de nos vies. Ceci illustre une autre raison pour laquelle la reconnaissance est puissance dans les temps d'adversité. Le Psaume 100:4 (FRDBY) nous dit : « *Entrez dans ses portes avec des actions de grâces...* » La reconnaissance nous emmène dans la présence manifeste de Dieu et nous relie à ce qu'Il fait et dit dans les situations que nous traversons. L'action de grâce nous aide à nous centrer sur Lui afin que notre connaissance bascule de la réalité terrestre à la réalité céleste, ce que nous devrions faire en vue de libérer la force du ciel dans notre expérience de vie.

UNE CONSCIENCE DE DIEU TOUJOURS EN ÉVEIL

J'ai pour objectif de vivre de telle manière, que rien ne puisse jamais devenir plus grand que ma conscience de Dieu. Parfois le conflit peut être aussi simple que de mauvaises nouvelles à la télévision. Si cela commence à peser sur mon coeur et devenir plus important que ma conscience de Dieu, je redirige consciemment mon affection vers Lui pour être plus sensible à Sa présence. Si ça ne marche pas, j'éteins la télévision ou je quitte la pièce pour recentrer mon attention, jusqu'à ce que ma conscience de Lui surpasse ce qui pesait lourdement sur mon coeur. Je ne peux pas uniquement savoir avec ma tête qu'Il est plus grand que ces choses ; mon être tout entier doit être dans une position où je suis conscient de Sa présence et où j'attends l'invasion de Son monde dans mon existence et les situations que je rencontre. Si je n'entretiens pas cette attente, je serais dans l'expectative que d'autres forces jouent ce rôle de moteur dans ma vie et au lieu de vivre de manière offensive, je commencerais à vivre sur la défensive.

Quand je reste à proximité de la présence de Dieu au travers de la reconnaissance, je ne prends pas seulement conscience de Sa capacité absolue à envahir l'impossible, je ressens aussi Son amour radical et le plaisir qu'Il prend en moi ! Quand je Le remercie de Ses dons excellents dans ma vie, je présente des preuves convaincantes qu'Il est mon Père, qu'Il est en ma faveur et surtout, que Son avis annule tous les autres. Ce qui est merveilleux c'est que lorsque nous commençons simplement à rendre grâce, même quand il semble difficile de se souvenir d'une prière exaucée, il ne faut pas longtemps avant que *l'attention* que nous portons à ce qui est bon dans nos vies permette le déversement de la joie du Seigneur. C'est la joie de l'Éternel qui est notre force. Je crois que Jacques parlait de la reconnaissance quand il dit de *considérer* les épreuves comme un sujet de joie complète car rendre grâce inclut généralement de faire l'inventaire des dons de Dieu dans votre vie. Faites le calcul ! Si vous souhaitez découvrir la capacité de

Fortifiez-vous dans le Seigneur

la reconnaissance à renouveler vos forces dans les difficultés, vous avez besoin de continuer à *considérer* ces choses *jusqu'à* ce que vous en concluiez qu'il est temps de vous réjouir ! Il devient vraiment difficile de rester déprimé au sujet de votre situation quand vous êtes rempli de la conscience de l'amour et de la bonté de Dieu qui entourent et imprègnent votre vie.

Nous pouvons atteindre un niveau de vie auquel nous mettons en pratique la reconnaissance comme un style de vie, c'est un niveau auquel nous nous souvenons des prières exaucées. Quand des temps difficiles arrivent, nous avons instantanément à notre disposition pour entrer dans Sa présence, un large inventaire de bénédictions, ainsi que la joie et le plaisir qu'Il prend en nous. C'est une réalité beaucoup plus grande que toute accusation, crise ou encore conflit qui pourrait se mettre en travers de notre chemin. Quand nous apprenons à vivre dans cette dimension, rien ne peut nous faire dévier de notre destinée. Nous parvenons même à faire en sorte que l'ennemi nous aide à l'accomplir. Il est raisonnable, dans une perspective céleste, de savoir être reconnaissant « en tout » !

Chapitre 4

LE TEMPS D'UNE PERCÉE INDIVIDUELLE

L'obéissance physique amène une percée spirituelle.

Fortifiez-vous dans le Seigneur

Lorsque j'étais jeune pasteur à Weaverville, j'ai eu plus que ma part de lundis moroses. Peu importaient les choses merveilleuses qui s'étaient produites le dimanche, je ne me rappelais parfois que de ce qui avait fait défaut au culte. Ma tendance au découragement venait de ce que je me comparais beaucoup à mes héros de la foi. J'ai toujours aimé lire des récits sur les revivalistes et les grands hommes et femmes de la foi, comme John G. Lake, Charles Finney ou Rees Howells par exemple. Cependant, lorsque j'ai commencé à me comparer à eux, j'ai découvert que ma foi ne rencontrait pas le succès escompté et il ne fallut pas longtemps avant que mes émotions soient en chute libre vis-à-vis des différences évidentes entre eux et moi. À la lecture de *Intercessor*, le merveilleux livre de Rees Howells, je me suis même demandé si je respirais et encore plus si j'étais sauvé. L'attention que je portais à mes limites ne m'a pas aidé à me sentir mieux, notamment quand il y a eu de réels problèmes auxquels faire face en tant que pasteur. La trahison, l'abandon, le rejet et l'accusation, tout semblait aller de pair avec le poste. J'avais souvent l'impression d'avoir un énorme nuage noir au-dessus de la tête. Je faisais preuve de suffisamment de bon sens pour savoir que le découragement et la dépression n'étaient pas de bonnes choses. Même si je réussissais à prendre le dessus avant le dimanche suivant, parce que j'avais la sincère conviction que le temps passé ensemble dans la maison de Dieu était un sujet de joie, je ne savais pas comment le vivre réellement. Enfin, pas encore.

LA PRIORITÉ ABSOLUE

L'une des priorités que j'avais résolue en mon coeur depuis ma jeunesse était celle de la louange. Mon père avait formé notre famille et son assemblée selon le principe que notre identité de croyant est d'être premièrement des adorateurs. Cela signifiait que notre première mission était de servir l'Éternel et que tout ce que nous faisions en servant les gens devait être le débordement et la conséquence de ce premier ministère. Non seulement ça mais il enseignait et démontrait que notre louange et notre adoration devaient suivre le modèle décrit dans les psaumes, ce qui inclut une expression corporelle telle que danser, crier, taper des mains, bondir et pousser une clameur joyeuse. À cette époque, mettre l'accent sur les modèles d'adorations bibliques représentait un important changement de référence dans une

LE TEMPS D'UNE PERCÉE INDIVIDUELLE

église « normale ». Au début de ce changement, de nombreuses personnes étaient réticentes à de telles démonstrations. Elles étaient retranchés dans l'idée que les larmes et un air grave étaient les manifestations authentiques d'une véritable spiritualité. Je rejoignais mon père sur le fait que nous devrions faire les trucs racontés dans le Livre mais mon problème était de sortir de la boîte qui contenait ma « personnalité réservée ». Mais ça, c'était avant de réaliser que Dieu nous ordonne de le faire. Il est certain qu'Il ne nous aurait jamais commandé de faire quelque chose qu'Il n'a pas placé dans notre nouvelle nature. Cela signifie que ma vraie personnalité en Christ possède la capacité de démontrer mon amour pour Dieu au travers d'expressions autorisées par la Bible. C'est qui je suis. Laisser mon image de moi, calme et réservé, me voler l'opportunité d'expérimenter ma nouvelle nature qui est libre d'exprimer extérieurement ma joie en Dieu est une injustice spirituelle. Je ne suis pas prêt à accepter ce mensonge. Par conséquent, je me suis mis à danser devant l'Éternel avec joie, en privé, bien avant que je n'aie vu qui que ce soit le faire au culte.

Comme je l'ai découvert, la louange n'est pas pour plaire à la chair. Cela explique peut-être pourquoi elle peut puissamment chasser ce nuage d'oppression. L'ennemi puise sa force dans les accords qu'il passe avec l'homme. Être d'accord avec ce qu'il dit lui donne l'opportunité de tuer, voler et détruire. Nous alimentons ce nuage d'oppression en acquiesçant à notre ennemi. La louange, ainsi que la réjouissance annulent cet accord.

L'INTROSPECTION TUE LA VIE DE LOUANGE

La louange a été l'un des premiers outils dont Dieu m'a équipé - alors que je n'étais encore qu'un jeune homme - afin de me reprendre courage dans le découragement que j'ai ressenti pendant mes premières années de pasteur. Je pouvais m'interroger sur un million de questions existentielles mais jamais je n'ai remis en question le fait que je faisais ce qu'il fallait quand je louais Dieu. C'est devenu mon état « par défaut » quand je m'enfonçais dans un brouillard de confusion et de dépression. À Weaverville, notre maison se trouvait derrière l'église. J'allais donc souvent tard le soir dans la salle de culte, j'allumais la sono pour mettre de la louange et je passais du temps à louer et adorer Dieu. Parfois, j'y restais jusqu'au petit matin. Je dansais, criais et m'imposais en gros de faire tout ce que je ne me *sentais* pas de faire. David le psalmiste a écrit : « *Bénis l'Éternel, Ô mon âme.* » Il commande à sa propre âme de se reprendre et de donner gloire à Dieu. Il est important d'apprendre à amener notre âme et même notre corps à se soumettre aux desseins de Dieu. Dans ces moments-là, je m'assurais que l'intensité de ma louange était proportionnelle à la taille du nuage au-dessus de ma tête. À chaque fois, arrivé à un certain point dans la louange,

LE TEMPS D'UNE PERCÉE INDIVIDUELLE

quelque chose en moi changeait et je n'avais plus à me forcer. Ma pensée, ma volonté, mes émotions et mon corps étaient entièrement remplis et convaincus de ce que je déclarais au Seigneur. J'avais aussi remarqué que le nuage au-dessus de ma tête avait disparu et que j'étais vivant en Dieu !

J'ai finalement compris que le nuage n'était pas seulement *au-dessus* de ma tête ; il était à *l'intérieur*. J'ai pensé à tort que me concentrer sur mes manquements et me comparer aux autres était une attitude d'humilité. En fait, c'est le contraire. Au lieu de porter mon attention sur la grandeur de Dieu dans ma vie, je me centrais sur moi-même. Je m'accordais de fait avec l'ennemi en rendant mes problèmes supérieurs aux promesses de Dieu. Accepter cela permettait à ce nuage d'oppression de faire du surplace au-dessus de moi.

La seule façon de briser l'acceptation d'un mensonge est la *repentance*, ce qui signifie : changer sa manière de penser. Dans cette attitude de louange, je nourrissais mon esprit de la véritable nature de Dieu *jusqu'à* ce qu'il s'accorde de nouveau avec la réalité céleste. Lorsque cet accord était passé, la réalité commençait à se manifester dans mes émotions, mon esprit et mon corps. Toutefois, j'en venais aussi à comprendre plus profondément pourquoi mon père nous avait appris à *mettre en pratiqu*e ce que les Écritures disent au sujet de la louange. Être... en accord avec le Ciel requiert davantage que

Fortifiez-vous dans le Seigneur

la repentance de nos pensées. Vous avez besoin d'une preuve physique pour que la repentance devienne une réalité légale. En alignant mon corps physique avec ce que dit la Parole, j'amenais toute ma personne à être conforme à la vérité. En agissant de la sorte, j'ai découvert un principe : l'obéissance physique amène une percée spirituelle. Cela peut ressembler à un retour en arrière pour ceux parmi nous qui détestent l'idée d'employer une gestuelle religieuse et qui désirent exprimer une louange « authentique ». L'obéissance physique amène une percée spirituelle. Cependant, l'authenticité de votre louange ne se mesure pas en terme de pensée ou de ressenti. Soit ces choses s'alignent avec une réalité authentique, soit elles ne le font pas ; et si elles ne le font pas, les Écritures nous disent que nous pouvons y arriver par *le mouvement*. Certains disent que faire quelque chose que l'on ne se sent pas de faire est hypocrite. Je pense que c'est hypocrite de faire uniquement ce que je me sens de faire et de m'appeler un croyant qui croit. Le réajustement de nos actes libèrent le réajustement de nos émotions et de nos pensées.

Alors pourquoi est-il bon de chanter, crier, danser et bondir ? Pourquoi Dieu semble désirer ces expressions radicales plutôt qu'une révérence grave et silencieuse ? Bien qu'il y ait certainement un temps pour cette dernière, les actes de *réjouissance* connaissent une presse beaucoup

LE TEMPS D'UNE PERCÉE INDIVIDUELLE

plus importante dans les descriptions faites par le psalmiste sur comment s'approcher de Dieu. La raison de cela est que Dieu est un Dieu que 'on célèbre. Tous Ses actes et toutes Ses pensées à notre égard sont des expressions extravagantes de Son amour, de Son affection, de Sa bonté et du plaisir qu'Il prend en nous ; et Il nous donne toutes ces choses, non seulement pour nous bénir pendant un temps, mais aussi pour nous inviter dans la bénédiction plus profonde qui est de Le connaître. Il prend plaisir en nous et désire donc que nous prenions plaisir en Lui. Il se réjouit à notre sujet avec des chants (cf. Sophonie 3:17) et souhaite que nous nous réjouissions en Lui par des chants. Quand nous lui donnons ce qu'Il nous donne, nous avançons dans

> L'obéissance physique amène une percée spirituelle.

notre relation avec Lui rendant ainsi plus profond notre lien, notre coeur à coeur avec la source de la vie.

Et pas seulement ! Quand nous faisons ce qu'Il fait, alignant nos corps ainsi que nos esprits et nos âmes avec ce qu'Il a dit, Sa nature est libérée et se déverse dans notre direction depuis ce lieu d'intimité. Le Saint-Esprit est la personne la plus joyeuse qui soit et la joie est l'une des premières expression de Son Royaume dans nos vies (cf. Romains 14:17). Son commandement de nous « réjouir sans cesse » est vraiment une expression de Son désir de nous voir être dans la joie ! Il nous explique simplement comment la recevoir. Nous ne nous réjouissons pas seulement *parce que* nous sommes dans la joie, nous nous réjouissons de la *rechercher*.

L'IMPORTANCE DE SERVIR L'ÉTERNEL

Dans le chapitre précédent, j'ai expliqué qu'être reconnaissant devrait naturellement conduire à se réjouir en suivant les instructions de Jacques qui nous dit de « *considérer toute chose comme un sujet de joie complète* ». Quand nous considérons tout ce que Dieu a fait, nous ne devrions pas nous arrêter à de simples remerciements. Chacune des actions de Dieu est une révélation de Sa nature et quand nous voyons la nature de Dieu – Son extravagance, Sa joie, Son amour, Sa fidélité, Sa bonté et Sa puissance - la seule réponse raisonnable est de Le louer. Comme nous le lisons dans le Psaume 9 verset 2 (LSG), la louange et l'allégresse sont les deux faces d'une même pièce : « *Je ferai de toi le sujet de ma joie et de mon allégresse, je chanterai ton nom, Dieu Très-Haut !* » Il est difficile de louer efficacement sans se réjouir, sans amener notre corps, notre âme et notre esprit dans l'expression de la célébration. Néanmoins, nous ne pouvons pas nous réjouir sans raison. La raison de notre joie est donc la nature de Dieu, révélée par le biais de la relation qu'Il entretient avec nous et que nous déclarons dans nos louanges. Quand Dieu dit « réjouissez-vous toujours », cela implique de faire de la louange un véritable style de vie.

La louange qui découle de la reconnaissance est décrite dans Hébreux 13:15 comme un « sacrifice ». Ce verset nous offre une ligne de conduite quant au genre d'activités qui sont réellement de la louange. Premièrement, la louange devrait nous coûter quelque chose. C'est alors seulement qu'elle est une réponse décente à Dieu qui nous a offert le don coûteux de Son propre Fils. Quand je me suis obligé à me réjouir pendant ces nuits, seul dans la salle de culte, j'offrais mon temps, mon attention et mon confort à Dieu. J'allais au-delà de ce qui m'arrangeais et je dépassais aussi toutes les pressions liées à ma situation. C'est ce qui faisait de l'acte de louange une expression qui coûte. Deuxièmement, un sacrifice de louange requiert toujours de la foi car il est impossible de plaire à Dieu sans cela. Hébreux 11:4 (LSG) explique que « *C'est **par la foi** qu'Abel offrit à Dieu un sacrifice plus excellent que celui de Caïn.* »

Il faut sans aucun doute faire preuve de foi quand se réjouir est la dernière chose que vous vous sentez de faire ou qui semble avoir du sens face aux circonstances actuelles de votre vie. Il faut peu de foi pour débrancher votre tête et chanter « Tu es digne » quand en fait, vous pensez seulement « Je ne suis pas digne ! » Se réjouir véritablement en Lui nécessite que vous vous appuyiez sur la vérité selon laquelle Il vous accepte déjà là où vous en êtes. Se réjouir nécessite que vous reconnaissiez que Sa bonté et Sa fidélité sont plus tangibles que votre difficulté présente. Cela nécessite notamment que vous acceptiez que votre vie n'est pas vraiment centrée sur vous !

Seule l'allégresse qui réclame que vous soyez en accord avec la perspective de Dieu sur votre situation est le sacrifice de louange qui Lui plaît et qui a le pouvoir de vous transformer. C'est l'expression de la foi. Parfois, cette réjouissance est ce que David décrit au verset 11 du Psaume 2 (LSG) : « ... *réjouissez-vous avec tremblement* ». Autrement dit, vous n'avez pas à vous sentir rempli de foi pour célébrer, vous avez seulement à le faire.

Bien que la nature de la louange et de la reconnaissance soient différentes, elles devraient toujours aller de pair car elles sont des étapes consécutives en vue de trouver sa force dans Sa présence manifeste. Le Psaume 100:4 (FRDBY) nous dit : « *[d'entrer] dans ses portes avec des actions de grâces, dans ses parvis avec des louanges.* » Ce verset est la feuille de route qui mène à la présence de Dieu. Ainsi, notre but devrait

LE TEMPS D'UNE PERCÉE INDIVIDUELLE

être d'entretenir la reconnaissance et la louange jusqu'à ce que notre être tout entier soit conscient de Sa présence. Cependant, nous devons aussi nous rappeler à ce moment-là de rester centré sur notre service envers Dieu et non sur l'obtention de ce dont nous avons besoin.

La reconnaissance et la louange sont des outils servant à reprendre courage non parce qu'elles nous aident à obtenir quelque chose de la part du Seigneur mais parce qu'elles nous connectent à nouveau à notre première raison d'être : Le servir au travers de l'adoration. Elles nous ramènent dans Sa présence et l'adoration véritable est une chose qui se produit seulement dans ce lieu de communion avec Sa présence. Dans l'adoration, le sacrifice n'est plus un acte ou une parole. Nous *sommes* le sacrifice. Le feu descend toujours sur le sacrifice. Quand nous sommes le sacrifice, nous sommes inévitablement transformés.

LE SACRIFICE QUI ENRICHIT

Vous souvenez-vous de la femme qui a servi Jésus avec le vase de parfum en albâtre ? Les Écritures nous disent deux choses au sujet de ce flacon : il valait un an de salaire (probablement la seule sécurité financière de cette femme) et il ne pouvait être utilisé qu'une seule fois puisque que le contenant devrait être brisé pour être ouvert. Non seulement elle a déversé la totalité du contenu sur Jésus mais elle l'a fait dans un témoignage d'affection très publique en pleurant sur Ses pieds et en les essuyant avec ses cheveux. Cet acte radical a extrêmement indigné tous ceux qui étaient présents, y compris Ses disciples. Ils étaient embarrassés par ses émotions et écoeurés par le gâchis financier. Cependant, Jésus avait une perspective différente sur la situation et a eu une autre réponse. Il a expliqué qu'elle l'avait oint en vue de Son ensevelissement et a reconnu qu'elle avait mieux saisi que quiconque Sa véritable identité. Elle Lui avait précisément offert le type d'adoration qu'Il méritait et cela démontrait sa foi. Non seulement ça, mais lorsque tout le monde a quitté la maison, Jésus n'était pas le seul à être baigné de ce magnifique parfum. Son arôme enveloppait également la femme.

C'est ce qui arrive quand nous adorons. Nous ne venons pas adorer en disant à Dieu : « Je te donne cela pour que nous puissions partager. » Comme la femme nous adorons pour affirmer ; « Tout est à Toi Éternel. » Toutefois, nous ne pouvons pas quitter ce lieu de communion avec Lui sans que Sa personne aie déteint sur nous. David dit qu'Il est notre gloire et Celui qui relève nos têtes (cf. Psaume 3:3). Nous ne pouvons pas être en Sa présence sans que nos têtes soient relevées pour Le voir. Vous ne pouvez pas non plus le regarder puis vous retourner sur votre situation avec le même regard. De même, vous ne pouvez pas expérimenter la dimension de Sa gloire, qui est

LE TEMPS D'UNE PERCÉE INDIVIDUELLE

Son Royaume aux ressources surnaturelles, sans recevoir une mesure de Sa grâce et de Sa force.

L'une des premières façons dont de nombreux croyants ont besoin d'avoir une perspective renouvelée est de se débarrasser de la pensée selon laquelle ignorer les problèmes qui les entourent ou même les habitent - afin d'offrir louange et reconnaissance à l'Éternel - est une attitude irresponsable. Les croyants tombent souvent dans le piège de penser qu'ils peuvent trouver une solution en analysant le problème sous toutes les coutures et le laisser ravager leur monde. Mais cela amènent les affections de leurs coeurs à s'éloigner du Seigneur au point de se soucier davantage du problème au lieu de donner à Dieu ce qu'Il mérite. Ils laissent d'autres voix parler plus fort que la Sienne et cela est tout aussi irresponsable !

Je suis premièrement responsable de Lui et pour cette raison, j'ai décidé de vivre dans un état de déni sain. Quand le diable place sur mon bureau une requête pour solliciter mon attention, je déclare : « REQUÊTE REJETÉE ! » J'ai conscience qu'il y a constamment autour de moi des situations qui, si je n'y fais pas attention, peuvent m'entrainer dans le découragement. La plupart du temps, si je fais une série de mauvais choix, je me retrouve à vivre à deux pas du découragement. Cependant, je sais que je ne me sentirais jamais aussi accablé que j'avais l'habitude de l'être. J'ai appris à suffisamment ignorer les problèmes pour qu'ils ne deviennent pas une menace pour les affections de mon coeur. Je sais que je ne suis pas irresponsable, car Dieu m'a promis encore et toujours qu'en restant fidèlement qui Il m'a appelé à être – notamment un adorateur – Il est plus que ravi d'apporter des solutions à ces problèmes. Cela ne signifie pas que nous n'allons pas prêter attention aux problèmes, seulement que nous avons besoin de les aborder avec une perspective divine.

LA LOUANGE MÈNE À UNE RENCONTRE DIVINE

Voici simplement quelques promesses des Écritures au sujet des bénéfices que nous retirons à être fidèle dans notre louange et notre adoration. Le Psaume 22:3 (LSG) déclare : « *Pourtant tu es le Saint, Tu sièges au milieu des louanges d'Israël.* » Nos louanges créent en fait au coeur des situations que nous rencontrons, une plate-forme sur laquelle le Roi peut établir Son trône afin de siéger et de libérer la réalité de Son Royaume. Quand le Royaume vient, il détruit toujours le royaume des ténèbres. C'est ainsi qu'Ésaïe le décrit :

Chantez à l'Eternel un cantique nouveau, entonnez sa louange aux confins de la terre, vous qui voguez sur mer, et vous qui la peuplez, vous les îles et les régions côtières, vous qui les habitez ! Désert et

LE TEMPS D'UNE PERCÉE INDIVIDUELLE

villes du désert, campements de Qédar, élevez votre voix ! Habitants de Séla, exultez d'allégresse ! Du sommet des montagnes, poussez des cris de joie, et rendez gloire à l'Eternel ! Que jusque dans les îles et les régions côtières, on publie sa louange ! L'Eternel sortira comme un héros, comme un homme de guerre, il réveillera son ardeur, il poussera des cris de guerre, des cris terribles, et il triomphera contre ses ennemis.
(Ésaïe 42:10-13, BDS)

Il affirme essentiellement que lorsqu'Israël célèbre et loue Dieu, Celui-ci se charge d'aller à la rencontre de leurs ennemis et de les détruire. Ça, c'est une bonne affaire ! C'est ce qui se produit lorsque Dieu siège au milieu de nos louanges. Par exemple, je ne peux pas me souvenir du nombre de témoignages de personnes que j'ai entendu de personnes ayant été tellement absorbées par la présence de Dieu, qu'elles ne se sont rendu compte - qu'après coup - d'avoir été guéries. À la fin d'un culte, deux personnes, aucunement liées, sont venues me trouver pour me dire qu'elles avaient été guéries des douleurs lancinantes dont elles souffraient depuis de nombreuses années après avoir eu le cou brisé. Ces deux personnes étaient assises dans le même bloc de rangées de chaises de la salle de culte et avaient toutes les deux étaient guéries pendant la louange !

Si ces personnes se trouvaient dans la joie « avec

Fortifiez-vous dans le Seigneur

tremblements », Dieu leur a certainement donné une autre bonne raison de se réjouir encore en Lui d'une joie véritable. Il est plus que prêt à nous convaincre qu'Il est digne de notre louange. Bien plus que ça, Il espère que nous répondions à Son invitation à avancer dans une relation mature avec Lui, une relation dans laquelle notre centre d'intérêt premier, tout comme le Sien, n'est pas de *recevoir* mais de *donner*. Les temps d'épreuves nous offrent une opportunité que nous n'aurions pas autrement. Ce sont des occasions de faire preuve d'un amour sacrificiel envers Lui en Le servant plutôt qu'en s'occupant de nos urgents besoins. Dans ces moments-là, nous lui offrons notre louange uniquement parce que nous sommes convaincus que Le connaître est la raison de notre joie. Quand Il voit que nous avons un coeur franc, totalement abandonné à Lui, Il ne peut pas rester au loin. Ce genre de relation est ce qui rend le fait de se fortifier soi-même dans le Seigneur totalement contraire à l'autosuffisance. Cela fonctionne selon la logique du Royaume qui dit que vous devez perdre votre vie afin de la sauver. Vous devez donner afin de recevoir. Si vous avez besoin de force, donnez-vous entièrement à Dieu et à Ses desseins pour qu'Il devienne le Seul capable de vous donner la force surnaturelle dont vous avez besoin.

Je vous mets donc au défi de prendre, chaque jour, le temps de suffisamment passer outre les problèmes et les besoins que

LE TEMPS D'UNE PERCÉE INDIVIDUELLE

vous avez afin d'offrir à Dieu une expression déraisonnable de joie et de louange. Je vous promets que même si Ses bénédictions sont impressionnantes, *Il* est la plus grande bénédiction qui soit. Il se peut aussi que vous réalisiez que vous êtes en train de devenir une personne joyeuse. Après tout, Dieu est de bonne humeur. Si vous passez du temps en Sa compagnie, il est certain que Sa joie déteindra sur vous !

Fortifiez-vous dans le Seigneur

Chapitre 5

LIBÉRER CE QUI EST CACHÉ

*Il transforme une petite maison
en un palais dans lequel Il peut habiter !*

Fortifiez-vous dans le Seigneur

L'une des plus puissantes images livrée par les Écritures pour le peuple de Dieu est que nous sommes *la maison de Dieu*. La réalité du sang de Jésus qui a ouvert un chemin pour que l'Esprit de Dieu en personne demeure en nous est absolument stupéfiante. Cependant, Dieu a emménagé dans une maison qui, façon de parler, a besoin d'être détruite et refaçonnée. Ainsi, au moment où nous choisissons de suivre Christ, nous signons pour une rénovation quotidienne de nos vies afin d'être transformés en une demeure capable d'exprimer véritablement la gloire et la nature de Dieu dans le monde. Pierre le formule ainsi : « ... *Vous êtes vous aussi des pierres vivantes, édifiez-vous pour former un temple spirituel et pour constituer un groupe de prêtres consacrés à Dieu, chargés de lui offrir des sacrifices spirituels qu'il pourra accepter favorablement par Jésus-Christ.* » (1 Pierre 2:5, BDS) Paul explique en Romains 12:1-2 que cette transformation qui s'opère prend premièrement place dans les dimensions de notre intelligence qui doit être renouvelée et de notre corps qui doit

Fortifiez-vous dans le Seigneur

être offert comme un « sacrifice vivant ». La raison est que nous ne pouvons pas pleinement coopérer avec l'Esprit-Saint, qui est l'Architecte et le Bâtisseur à l'oeuvre dans nos vies, sans un coeur soumis, une intelligence renouvelée et un corps abandonné. C.S. Lewis décrit ce processus de construction dans *Les Fondements du Christianisme* :

« Imaginez être une maison vivante. Dieu vient pour rebâtir cette demeure. Au début peut-être, vous êtes en mesure de comprendre ce qu'Il fait. Il assainit les canalisations, répare les fuites dans le toit et ainsi de suite : vous saviez que ces choses devaient être faites et n'êtes pas surpris. Mais maintenant, Il commence à malmener la maison d'une manière qui vous semble insensée et qui fait affreusement mal. Mais où veut-Il en venir ? L'explication est qu'Il bâtit une maison assez différente de ce que vous aviez en tête : Il ouvre une nouvelle aile par ici, Il rajoute un étage par là, Il élève des tours, Il délimite une cour. Vous pensiez être rénové en une petite maison mais Lui édifie un palais dans lequel Il projette d'habiter en personne. »

> **Il transforme une petite maison en un palais.**

LIBÉRER CE QUI EST CACHÉ

La clef de cette illustration est que nous devons comprendre « l'explication » de ce que Dieu fait : le but de la transformation qu'Il opère en nous. Si notre intelligence n'est pas renouvelée pour coopérer avec Ses desseins, nous continuerons d'utiliser la « pensée avilissante » de notre homme charnel qui, comme Paul le dit, n'est que « *haine de Dieu* » (Romains 8:7, BDS). Voilà qui donne à réfléchir. Par conséquent, soit notre intelligence est renouvelée et nous devenons co-ouvriers avec le Seigneur, soit nos pensées vont à Son encontre ! Il n'y a pas de terrain neutre. Rejeter la pensée de Christ éteint la vie du Saint-Esprit et sabote l'édifice qu'Il bâtit dans nos vies. Il transforme une petite maison en un palais dans lequel Il peut vivre !

LA CONSTRUCTION D'UN ÉDIFICE AUX OBJECTIFS DIVINS

Comme nous l'avons déjà vu, se fortifier dans le Seigneur est centré sur l'alignement de nos coeurs, pensées et corps avec les desseins de Dieu. Cela a pour effet de nous donner la force d'être fidèle face à la difficulté et à l'opposition. Ce mot même « fortification » fait partie du lexique de la construction qui s'opère dans nos vies. Curieusement, dans la majeure partie du Nouveau Testament, nous ne sommes pas les bâtisseurs. Dieu s'occupe de la construction, comme le font les hommes et les femmes qu'Il a mandatés pour édifier Son corps. Paul se

Fortifiez-vous dans le Seigneur

décrit par exemple comme un « maître d'oeuvre » qui a posé les fondations spirituelles du temple de Dieu, la communauté des rachetés à Corinthe (cf. 1 Corinthiens 3:10). Toutefois, on trouve deux versets spécifiques qui décrivent quoi faire pour nous édifier nous-mêmes. Jude écrit : « *Mais vous, bien-aimés, vous édifiant vous-mêmes sur votre très-sainte foi, priant par le Saint Esprit...* » (Jude 1:20, FRDBY) Je crois que « priant par le Saint-Esprit » dans ce texte fait spécifiquement référence à la prière en langues et que Jude associe cet exercice particulier avec le fait de s'édifier nous-mêmes dans notre foi. Je pense ainsi car la même idée est exprimée dans 1 Corinthiens 14:4 (FRDBY) : « *qui parle en langue s'édifie lui-même.* » Le mot « édifier » signifie *bâtir*. C'est de cette même racine que vient le mot « édifice ». Comme l'enseigne Lance Wallnau, nous construisons un édifice de foi intérieur quand nous prions en langues, édifice à partir duquel les desseins de Dieu deviennent manifestes.

Comment la prière en langues nous édifie-t-elle dans notre foi ? Pour répondre à cela nous devons d'abord comprendre ce que nous faisons quand nous prions en langues. Paul explique : « *En effet, celui qui parle en langue ne parle pas aux hommes, mais à Dieu, car personne ne le comprend, et c'est en esprit qu'il dit des mystères.* » (1 Corinthiens 14:2, LSG). Lorsque nous parlons en langues, nous utilisons nos voix pour verbaliser les expressions de nos esprits en communion avec le Saint-Esprit. C'est puissant car nos esprits prient en parfaite conformité avec Dieu puisqu'ils parlent au travers de la nouvelle nature que nous avons reçue à la nouvelle naissance. En engageant notre âme ainsi, que notre corps physique, dans les propos de nos esprits, nous parvenons à une entente plus complète avec le Saint-Esprit. À mesure que nous entretenons cette prière, elle nous conduit à la même percée que celle expérimentée lorsque nous exprimons physiquement notre louange. Nous prenons conscience de la présence manifeste de Dieu. Vous pouvez aussi dire que nos corps et nos pensées commencent à connaître une mesure accrue de la réalité que nos esprits expérimentent déjà dans la présence du Seigneur.

DES SECRETS DÉVOILÉS DANS LA PRIÈRE

Prier par l'Esprit nous donne notamment accès à la réalité que le Saint-Esprit nous enseigne comment penser et prier. Jésus explique à Ses disciples qu'après Son ascension, le Père enverrait l'Esprit-Saint dans un but particulier :

Quand il viendra, lui, l'Esprit de la vérité, il vous conduira dans toute la vérité ; car il ne parlera pas de sa propre initiative, mais il dira tout ce qu'il entendra et il vous annoncera ce qui est à venir. Lui me glorifiera, parce qu'il prendra de ce qui est à moi

Fortifiez-vous dans le Seigneur

pour vous l'annoncer. (Jean 16:13-14, NBS)

C'est une promesse glorieuse mais il nous faut comprendre que le Saint-Esprit ne parle pas dans un mégaphone, ni qu'Il est la seule voix à se disputer notre attention. Nous avons à nous placer dans une attitude d'écoute, en atténuant la voix de nos propres pensées et en s'attendant à L'entendre, afin de connecter notre intelligence à la fréquence sur laquelle Il émet. J'appelle cela *s'appuyer Sa voix*. Prier en langues est un outil puissant qui peut détourner notre attention des choses qui nous distraient, pendant qu'au même moment cela nous aide à prendre conscience de Sa présence et à nous appuyer sur Sa voix.

Cette attitude invite l'Esprit de révélation à illuminer « *les yeux de votre intelligence* » (cf. Éphésiens 1:18, PDV). La compréhension est une chose que tout le monde désire posséder. Nous souhaitons particulièrement comprendre le pourquoi des événements de la vie et notamment dans les périodes de crise et de tragédie. Il ne faut pas chercher à inventer nos propres raisonnements pour pouvoir réconcilier notre compréhension des Écritures et ce que nous observons autour de nous. Parfois, les pasteurs et autres personnes engagées dans le ministère cèdent à la pression en essayant de trouver une explication à quelque chose que Dieu n'a pas expliqué. Une bonne part de théologie erronée est générée dans de telles périodes de pression, l'homme est ravi car il trouve une paix

LIBÉRER CE QUI EST CACHÉ

artificielle mais cela ne fait pas partie dans la nature de Dieu.

Premièrement, les Écritures nous assurent que lorsque nous ne savons pas comment prier, le Saint-Esprit Lui-même prie pour nous (Romains 8:26). Puis, Il nous accorde aussi le merveilleux don des langues qui nous permet de prier en accord avec le Seigneur quand nous manquons de discernement. De plus, en nous attirant dans une réelle conscience de la présence du Seigneur où nos pensées perçoivent ce que l'Esprit est en train de dire, prier par l'Esprit nous donne en fait accès à la compréhension dont nous avons besoin.

Lorsque nous commençons à prier par notre intelligence ainsi qu'à prier par l'Esprit, comme Paul a demandé, nous élevons encore davantage le niveau de notre entente avec Dieu dans la prière (cf. 1 Corinthiens 14:14). Le fait que prier par l'Esprit accroît notre capacité à être en accord avec Dieu dans la prière est la clef pour comprendre comment prier par l'Esprit bâtit notre foi. Prier en langues surpasse notre intelligence humaine et active immédiatement notre foi née de l'Esprit : car la foi n'est pas fondée sur l'intelligence. Le lien entre notre niveau d'entente avec le ciel et le niveau de foi que nous démontrons se voit plus distinctement dans le ministère de Jésus et l'explication qu'Il donne sur Sa façon d'agir. Il a simplement déclarer faire ce qu'Il voyait le Père faire et dire ce qu'Il entendait le Père dire (cf. Jean 5:19 ; 12:49). Parce que tout ce qu'Il a dit et fait était en accord parfait avec Son Père, toutes Ses paroles et tous Ses actes ont a été accompli avec une foi qui libérait la réalité du Royaume du Père dans les situations qu'Il rencontrait. Ce genre de lien permanent avec la présence de Dieu, qui entretient une compréhension accrue de Sa personne et de la manière dont Il agit, est le coeur de la foi du croyant. Il en résulte au final que nous pouvons vraiment commencer à penser et à agir comme Lui.

PRIER AVEC DIEU

C'est pour cette raison que la vie de prière la plus efficace à laquelle Dieu nous a appelés n'est pas une vie dans laquelle nous déversons des sujets de prière dans l'espoir que l'un d'entre eux soit exaucé. La prière de foi qui obtient toujours des résultats est le genre de prière que nous pouvons faire car nous nous sommes approchés de Son coeur et L'avons entendu parler de ce qu'Il veut accomplir. Nous sommes alors capables de nous tenir dans un lieu où s'exerce l'autorité qui nous a été déléguée en tant que co-ouvriers et de déclarer ce qu'Il a dit sur les situations que nous rencontrons. Demander à Dieu de faire une descente et de régler les problèmes de nos vies ne requiert pas le genre de foi que Dieu recherche. Les disciples l'ont découvert quand ils ont réveillé Jésus pour qu'Il agisse sur la tempête qu'ils essuyaient et qui menaçait leurs

LIBÉRER CE QUI EST CACHÉ

vies. Ils posèrent d'abord au Sauveur du monde une question un peu idiote : « *Maître, ne t'inquiètes-tu pas de ce que nous périssons?* » (Marc 4:38, LSG) Puis, dans l'étonnement, ils L'ont observé mettre un terme à leur problème. Ce qui les a pris encore plus au dépourvu c'est qu'après avoir exaucé leur prière, Il s'est tourné vers eux et les a réprimandé pour leur manque de foi. La réalité est que la plupart des gens crient à Dieu pour demander de l'aide quand ils sont désespérés. Seulement, le désespoir n'est pas toujours une expression de foi. Ce que Dieu recherchait c'était le genre de foi qui les rendrait capable de faire valoir la volonté de Dieu au travers d'une déclaration. C'est la foi qui déplace les montagnes, ou dans ce cas, la foi qui fait taire les tempêtes.

Souvenez-vous que les Écritures sont très claires sur le plan que suit le Saint-Esprit en nous édifiant pour être Sa demeure. Si nous collaborons avec Lui, nous commencerons à ressembler à Jésus. C'est pourquoi, je pense que Dieu désire pour chaque croyant d'arriver à un stade de maturité qui lui permet de voir de plus en plus ce que le Père fait, d'entendre ce qu'Il dit et d'agir avec foi en accord avec Lui, tout comme Jésus l'a fait. Ainsi l'un des premiers dons que l'Esprit donne aux croyants est la capacité de prier en langues pour libérer les choses cachées, car Il sait que nous avons besoin de cet outil pour exercer nos coeurs, nos pensées et nos corps à percevoir ce qu'Il fait et

Fortifiez-vous dans le Seigneur

s'y conformer. À mesure que vous apprenez comment « vous édifier vous-mêmes sur votre très sainte foi » en employant cet outil, l'un des signes qui témoignera de votre croissance sera que Dieu va graduellement vous sevrer de l'attente d'une solution rapide de Sa part. Au contraire, vous vous trouverez dans des situations qui ne *basculeront pas* avant de vous être appuyé sur Sa voix, d'avoir entendu ce qu'Il dit et d'avoir été fermes dans votre foi pour faire cette déclaration sur votre propre vie. En apprenant à agir ainsi, nous découvrons que bien qu'il soit merveilleux et important d'obtenir une réponse à la prière, entendre Sa voix dans l'intimité de la prière est la véritable source de notre force et de notre vie.

Chapitre 6

HABITÉ PAR SES PROMESSES

Méditer les promesses de Dieu vous fortifiera.

Fortifiez-vous dans le Seigneur

Je vous ai montré, au travers de ce livre, comment les outils que nous employons afin de nous fortifier dans le Seigneur sont conçus afin de rester connecté à notre identité et à notre destinée. Peut-être est-ce évident, mais nous ne connaissons notre identité et notre destinée, que parce que Dieu nous *dit* ce qu'elles sont. Le renouvellement de nos pensées nécessite que nous apprenions comment laisser ce qu'Il dit sur nos vies annuler entièrement nos vieilles croyances au sujet de notre personne et ce, avant même que nous voyons Sa Parole se manifester pleinement en nous. C'est ainsi que nous faisons preuve de foi.

La destinée royale de David n'a pas commencé quand il a accédé au trône mais lorsque Dieu l'a annoncée au travers du prophète Samuel. Il y a probablement eu des jours dans le désert où la seule preuve que la Parole qu'il avait reçue était véridique restait le souvenir des propos de Samuel et de l'huile qui ruisselait de sa tête. Toutefois, le fait que David aie poursuivi sa destinée jusqu'à son plein accomplissement, sans abandonner ni prendre de raccourcis, est la preuve irréfutable qu'il avait foi en la Parole de Dieu. Sa foi n'était pas basée sur des circonstances, mais sur sa connaissance de Dieu acquise tout au long de son histoire personnelle avec Lui. Tout comme Sarah, il « *estima fidèle Celui qui avait promis* » (Hébreux 11:11, FRDBY).

DÉVERROUILLER LE POTENTIEL DE LA PROMESSE

Lorsque vous naissez de nouveau, vous héritez de toutes les promesses de Dieu à celui qui croit. Pierre nous dit que ces « *très grandes et précieuses promesses* » qui nous donnent de « *participer à la nature divine* » (2 Pierre 1:4, FRDBY) - elles déverrouillent notre potentiel pour devenir semblable à Christ. Cependant, il faut que trois choses se produisent pour que nous possédions véritablement ces promesses. Nous commençons premièrement à posséder une promesse lorsque le Saint-Esprit la déclare à nos coeurs. Comme nous l'avons vu dans le chapitre précédent, le Saint-Esprit prend ce qui est à Christ et nous l'annonce, nous énonçant ainsi les choses à venir (cf. Jean 16:13-14). La déclaration de l'Esprit est ce qui crédite les promesses du Royaume sur notre compte. À chaque fois que Dieu nous parle, Son onction prophétique est libérée au travers de Ses paroles. Cette Parole peut vous être donnée au travers d'une autre personne, d'une prière ointe, d'un passage des

HABITÉ PAR SES PROMESSES

Écritures qui vous saute aux yeux, d'un rêve, d'une vision ou de la douce et calme voix de l'Esprit en votre être intérieur. Cette onction ne se contente pas de vous dire ce qu'il va advenir ; elle *crée* ce qui est à venir. C'est comme si une voie ferrée était posée devant vous et qu'elle vous conduise directement à l'accomplissement de la Parole.

Dieu ne peut pas mentir, cela lui est impossible. Sa Parole est toujours en accord parfait avec Sa nature et Son caractère et ainsi Ses propres paroles libèrent Son pouvoir pour réaliser ce qu'Il a déclaré. C'est ce que l'ange a affirmé à Marie : « *Car rien n'est impossible à Dieu.* » (Luc 1:37, BDS). Le mot pour « parole » est *rhema*, qui est la Parole de Dieu fraîchement énoncée. Le mot « impossible » signifie dépourvu de capacité. Une traduction littérale et paraphrasée de ce verset pourrait être : « Aucune parole de l'Éternel ne viendra jamais a toi sans être dotée de sa propre capacité à s'accomplir d'elle-même ! »

Cette puissance latente inhérente aux promesses de Dieu accroît notre compréhension des raisons pour lesquelles nous pouvons avoir confiance en la fidélité de Celui qui promet. Une démonstration concrète de confiance est précisément la seconde chose qui doit se produire pour que vous preniez possession de vos promesses. Heureusement, vous n'avez pas besoin de comprendre la Parole pour montrer au Seigneur que vous avez confiance en sa véracité. Vous commencez à avancer sur les

Fortifiez-vous dans le Seigneur

rails de votre destinée simplement en *recevant* la Parole. C'est ce qu'a fait Marie après avoir entendu la promesse étonnante qu'elle porterait l'enfant Jésus. Elle répondit à l'ange : « *... qu'il me soit fait selon ta parole !* » (Luc 1:38, LSG) Ce n'est pas possible qu'elle aie compris ce que l'ange venait de lui dire, ni vu comment cela aurait pu se produire. Tout ce qu'elle avait besoin de savoir c'était que le Seigneur avait parlé et qu'elle pouvait Lui faire confiance. La conséquence de sa foi est qu'elle sera appelée « bénie » pour l'éternité. Quelle destinée !

La troisième chose qui doit se produire pour que vous entriez en possession de vos promesses est que votre foi en la promesse a besoin d'être testée et prouvée. Paul instruit Timothée en lui disant : « *Timothée, mon enfant, voici le conseil que je t'adresse en accord avec les prophéties prononcées autrefois à ton sujet : en t'appuyant sur ces paroles, combats le bon combat.* » (1 Timothée 1:18, BDS) Quand le Saint-Esprit annonce une promesse à votre sujet, Il place aussi une arme dans votre arsenal. Cela nous révèle deux choses. Tout d'abord, vous aurez souvent à lutter pour cette Parole car quelqu'un cherchera à vous la voler. Ensuite, si vous luttez pour la promesse en utilisant celle-ci, vous serez victorieux. Nous pouvons le voir dans la vie de Christ. Le Père a déclaré à son sujet lors de Son baptême : « *Celui-ci est mon fils bien-aimé, en qui j'ai trouvé mon plaisir.* » (Matthieu 3:17, FRDBY)

Puis Jésus a été conduit au désert pour être tenté par le diable qui l'a provoqué : « Si tu es le Fils de Dieu... » L'ennemi mettait directement au défi la Parole que Dieu avait prononcée. Jésus lui répondit par le biais des Écritures : « *L'homme [vivra] aussi de toute parole que Dieu prononce.* » (Matthieu 4:4, BDS) Il s'est reposé sur la promesse du Père, sur le fait que Dieu était Celui qui l'avait faite et que Ses Paroles sont la source de la vie. Il a refusé d'essayer de déterminer inutilement ce que serait Sa vie en dehors de cette Parole. Bien qu'il n'ait pas eu d'indice de sa mise en oeuvre, avoir *entendu* la Parole du Père pour Sa vie et l'avoir *reçu* était pour Lui des preuves suffisantes pour prouver sa véracité.

POSITIONNÉ POUR S'ACCOMPLIR

La réponse de Jésus nous enseigne que la seule façon de nous positionner pour voir notre promesse s'accomplir est de refuser d'être défini par autre chose que ce que Dieu dit à notre sujet. Jésus a réprimandé les Pharisiens en leur disant : « *Voilà comment vous annulez la Parole de Dieu par votre tradition, celle que vous vous transmettez.* » (Marc 7:13, BDS) Autrement dit, les Pharisiens persistaient à se définir et à définir leur environnement selon une interprétation humaine et des traditions plutôt qu'au travers de la Parole de Dieu. Le mot « annuler » signifie *rendre impuissant*, ce qui donne l'image

Fortifiez-Vous Dans le Seigneur

d'une personne qui débranche la prise qui le relie à la chose la plus puissante de l'univers : la Parole de Dieu. Rien ne peut amoindrir le fait que Sa Parole vient pleinement chargée de puissance. Cependant, nous pouvons couper notre accès à ce pouvoir en choisissant de définir nos vies en dehors de ce que Dieu a dit.

Nous définir par la Parole de Dieu exige que nous exercions constamment notre intelligence à penser en accord cette Parole. Cela signifie qu'il nous faut souvent nous rappeler Ses promesses à nous-mêmes, mais ne vous arrêtez pas là ! Apprenez à les *méditer*. Comme Marie, nous devons les chérir comme un trésor et les repasser dans nos coeurs (cf. Luc 2:19). Tandis que la méditation orientale pousse les gens à faire le vide dans leurs pensées, la méditation biblique met en avant le fait de remplir notre esprit - et nos bouches - de la vérité. Il est écrit en Josué 1:8 (LSG) : « *Que ce livre de la loi ne s'éloigne point de ta **bouche** ; médite-le jour et nuit, pour agir fidèlement selon tout ce qui y est écrit ; car c'est alors que tu auras du succès dans tes entreprises, c'est alors que tu réussiras.* » L'une des définitions du mot hébreu « méditer » est « marmonner ». La méditation implique de répéter les paroles que Dieu a dites

> Méditer les promesses de Dieu vous fortifiera.

à voix haute. Comme cela a été affirmé à Josué, cette répétition régulière des déclarations divines est la clef de notre capacité à *mettre en pratique* la Parole. Lorsque nous déclarons la Parole sur notre vie et prophétisons notre propre destinée en accord avec Lui, nous libérons l'onction de l'Esprit dans une plus grande mesure pour amener Sa Parole à accomplissement. Le verset dit qu'en agissant ainsi, nous *rendons* nos voies prospères. Méditer les promesses de Dieu est quelque chose que nous pouvons faire et dont nous sommes responsables, afin de déterminer la direction que nous donnons à notre vie. C'est un outil vital pour trouver sa force dans le Seigneur car nous pouvons avancer dans notre identité et notre destinée. Méditer les promesses de Dieu vous fortifiera.

TENIR LE GOUVERNAIL DE MON NAVIRE

Je mets par écrit les promesses et les prophéties qui sont déclarées sur moi. Comme le gouvernail d'un navire, elles déterminent la direction de mes pensées et de mes désirs et au final de ma vie. Je note les plus courtes sur des cartes au format carte postale et les plus longues dans un dossier sur mon ordinateur. Je les garde dans ma mallette et elles m'accompagnent partout où je vais - je les lis souvent. Comme je passe presque la moitié de l'année en voyage, je les emmène pour pouvoir méditer dessus pendant le vol. Je regarde souvent autour de moi et je vois divers

Fortifiez-vous dans le Seigneur

hommes et femmes d'affaires qui représentent des entreprises comme Apple ou Ford. Généralement ils ont les yeux rivés sur des projets d'affaires et des notes de réunions stratégiques. Moi, j'examine la pensée de Christ à mon égard. Ces petites cartes me rappellent que je représente le Royaume de Dieu et que ma pensée et mon corps doivent rester en phase avec mon rôle et mes responsabilités d'autorité déléguée dans ce monde. Je ne peux pas me permettre d'avoir en tête des pensées sur moi que Dieu n'a pas. Il est impossible de constamment accomplir Ses desseins efficacement sans entraîner en permanence mon esprit à me percevoir selon ce que Dieu dit de moi.

Je lis aussi régulièrement des passages des Écritures que le Saint-Esprit m'a mis à coeur comme étant des paroles pour ma vie. Il m'a donné la pleine possession de ces promesses au travers de Sa déclaration. Je compare ces promesses aux différentes pièces d'un château qui a été spécialement été conçu pour moi. Elles représentent des dimensions de Dieu qui sont *des lieux de grand réconfort.* Romains 8:23 dit que nous « *gémissons du fond du coeur* » dans notre désir de voir notre destinée s'accomplir. Je crois que c'est ce que décrit le psalmiste quand il dit : « *Un abîme en appelle un autre...* » (Psaume 42:8, BDS) Le profond cri de mon coeur appelle le profond désir du Seigneur à me voir m'épanouir à mon plein potentiel de Fils, le potentiel qui est prophétisé dans les passages des Écritures qu'Il a déclarées sur moi. Si je me sens abattu ou découragé, je lirai ces passages jusqu'à ce que je ressente la réalité de ces lieux et que je puisse sentir cette promesse brûler à nouveau dans mon coeur. Josué 1:5-9 a été l'une de mes « pièces » pendant 35 ans. Ce n'est pas seulement des versets que j'ai mémorisés, c'est la Parole du Seigneur pour ma vie alors je m'y rends souvent pour trouver repos et rafraichissement. Là-bas je peux aussi renouveler ma perspective sur ma destinée divine.

Il se peut toutefois que la majeure partie de cet exercice soit liée à mon expérience du livre des Psaumes. Si je me fais mentalement ou émotionnellement bombarder ou que je suis spirituellement épuisé et en lutte avec ma foi, j'ouvre les Psaumes. Je lis et je continue de lire jusqu'à ce que *j'entende ma voix*. Tous les états par lesquels l'homme peut passer et toutes les situations qu'il peut connaître se trouvent dans ces cantiques et je sais qu'ils contiendront quelque chose qui parlera de la situation que je traverse. Certaines fois, je lis 20 psaumes voire plus avant de trouver le cri de mon coeur dans les pages de ce livre. Quand j'y parviens, je sais que je viens de trouver un lieu de repos. J'y reste et nourris mon âme en lisant le texte encore, et encore. Parfois, je vais chanter les vers sur une mélodie spontanée. D'autres fois, j'utilise les choses abordées dans le psaume comme des « armes » dans la louange - mais je ne me concentre pas sur le diable. J'utilise ce lieu de réconfort pour trouver « par la foi, un moyen » de m'extirper d'un quelconque trou au fond duquel j'aurais pu tomber.

HÉRITER DES PROMESSES

Il est tellement important de « chérir et réfléchir » aux promesses de Dieu pour votre vie. Le témoignage de la valeur que vous accordez à la voix du Seigneur est ce qui détermine le degré auquel vous attirez davantage de promesses dans votre vie. Romains 10:17 déclare que « *la foi vient de ce que l'on entend* » et Hébreux 11:33 que c'est par la foi que les saints d'autrefois ont « *obtenu les promesses* ». La foi est ce qui fait le lien entre le fait « d'entendre » et le fait « d'obtenir les promesses ». Quand nous chérissons Ses promesses en les serrant contre nos cœurs et en les ancrant dans nos âmes au travers de la méditation et de la prière, nous prouvons notre foi en leur véracité et notre mise en pratique de la confiance que nous avons en Celui qui nous les a données. Cette confiance Lui démontre qu'Il peut nous confier davantage.

Le fait que l'Esprit-Saint est dévolu à transférer les promesses de notre héritage sur notre compte rend évident notre besoin d'entretenir une relation constante à Son écoute. La vie ne découle pas de toutes les paroles qui ont déjà été prononcées, mais de toute parole « *qui **sort** de la bouche de*

HABITÉ PAR SES PROMESSES

Dieu » (Matthieu 4:4, FRBDY). Vous noterez que le verbe de cette phrase est au présent. C'est le souffle du Saint-Esprit sur les pages des Écritures qui nous amène dans un lieu de vie et de destinée. Quand nous saisissons ce que nous entendons et le méditons, cela lui permet d'exercer notre pensée, nos affections et notre comportement - cette Parole demeure en nous. La Parole qui demeure en nous crée une réalité dans nos vies qui résonne avec la voix de l'Esprit, nous rendant capable de la percevoir quand elle arrive. Jésus a repris les Pharisiens sur ce point :

> *Et le Père qui m'a envoyé a rendu lui-même témoignage de moi. Vous n'avez jamais entendu sa voix, vous n'avez point vu sa face, et sa parole ne demeure point en vous, parce que vous ne croyez pas à celui qu'il a envoyé. Vous sondez les Écritures, parce que vous pensez avoir en elles la vie éternelle: ce sont elles qui rendent témoignage de moi. Et vous ne voulez pas venir à moi pour avoir la vie !* (Jean 5:37-40, LSG)

Autrement dit, votre capacité à reconnaître la présence de Dieu et à avoir foi en ce qu'il désire faire est le signe que la Parole demeure en vous ! Sa réprimande sous-entend également que les Écritures peuvent nous aider à établir cette Parole durable en nous si notre réponse est de nous tourner vers la *Personne* de Christ afin qu'Il nous donne la vie. La révélation sert à nous

Fortifiez-vous dans le Seigneur

amener dans une rencontre divine sinon, elle ne nous rendra que religieux (satisfait par une forme dépourvue de puissance.) Lorsque nous recevons une promesse au travers des Écritures, nous devrions être poussés à rechercher Celui qui à la fois donne et accomplit Sa Parole. D'autre part, le fait que Sa Parole ne demeure pas en nous a de sérieuses répercussions. Les Pharisiens firent la plus grande erreur qui soit. Ils ont élevé des prières annonçant le Messie mais ne L'ont pas reconnu pour qui Il était, même lorsqu'Il s'est tenu juste en face d'eux. En effet, la Parole ne demeurait pas en eux comme cela est expliqué en Jean 5:38 : « *... sa parole ne demeure point en vous, parce que vous ne croyez pas à celui qu'il a envoyé.* » (Jean 5:38, LSG)

Nous vivons de toutes les paroles qui sortent de Sa bouche. De même, quand nous n'écoutons pas et ne vivons pas de cette Parole, nous nous coupons de la vie. Compte-tenu de ces importants enjeux, je vous conseille vivement de collecter et consigner les paroles prophétiques et les promesses annoncées sur votre vie. Prenez même le risque d'écrire celles dont vous n'êtes pas sûr et attendez de voir si Dieu va souffler dessus d'une manière telle qu'elles deviendront une source de vie pour vous. Il est tout aussi important que vous les relisiez régulièrement.

Je vous conseille tout autant de lire les Écritures en étant disposé à vous « appuyer sur Sa voix ». L'attente est directement liée à ce que vous recevez de Dieu. Plutôt que de vous attendre à recevoir une simple information, des réponses à vos questions ou « des preuves écrites » en vue de faire des remarques pertinentes, écoutez la voix de l'Esprit pour prendre les mots de la page et les déposer dans votre coeur comme une Parole personnelle pour vous. Quand vous l'entendrez, elle créera une résonance distincte dans votre esprit qui vous étonnera : « Ouah ! Je n'ai encore aucune idée de ce que cela signifie mais c'est tellement vrai ! » Recevez-la, écrivez-la, méditez-la, déclarez-la sur votre vie et laissez-la vous emmener sur la voie de votre destinée éternelle.

Fortifiez-vous dans le Seigneur

Chapitre 7

CONSERVER LE TÉMOIGNAGE

*Témoigner de Dieu relie les générations
à Ses promesses.*

Fortifiez-vous dans le Seigneur

En tant que sacrificateurs et rois sur la terre, une double responsabilité nous incombe : premièrement agir en tant que représentants des hommes auprès de Dieu au travers de l'intercession et deuxièmement agir en tant que représentant de Dieu auprès des hommes en proclamant et démontrant l'Évangile du Royaume. Christ est notre modèle pour ces deux rôles. En mourant sur la Croix, Il a représenté l'humanité pécheresse auprès de Dieu et a porté notre jugement. Aujourd'hui, « ... *[Il est] toujours vivant pour intercéder en* [notre] *faveur* » (Hébreux 7:25, LSG). Puis, en représentant Dieu auprès des hommes, Colossiens dit que Christ est « *l'image du Dieu invisible* » et que « *Dieu a voulu que toute plénitude habitât en lui* » (Colossiens 1:15, 19, LSG). Cela signifie que Jésus incarne une théologie parfaite. Si nous sommes tentés de croire quelque chose au sujet de Dieu que nous ne voyons pas révélé en la personne de Christ, alors nous ferions mieux de la rejeter. Jésus a parfaitement *re-présenté* le Père par Sa vie et Son ministère en faisant et disant ce que Son Père faisait et disait.

Fortifiez-Vous Dans le Seigneur

> Les témoignages de Dieu relient les générations à Ses promesses.

L'une des premières vérités que Jésus a prouvée est qu'il est tout simplement impossible de représenter correctement Dieu sans démonstration de puissance. Accomplir des miracles n'est pas réservé à Jésus et à une poignée de ministères grandement oints. L'onction qui reposait sur Jésus est le même Saint-Esprit qui a été donné à *chaque* croyant. Il est Celui qui nous qualifie pour être membre du sacerdoce royal de Dieu et qui nous appelle à poursuivre le ministère de Christ en démontrant ce à quoi ressemble Dieu au travers du miraculeux.

TÉMOIGNER C'EST RÉVÉLER LA NATURE DE DIEU

Une doctrine démoniaque a été à l'oeuvre pendant de nombreuses années pour nier l'accès légal du peuple de Dieu à la dimension du miraculeux - pourtant élément essentiel de leur identité et de leur destinée de croyants. Bien heureusement, cette révélation est en train d'être restaurée à une échelle globale. La révélation de l'un des trésors et outils les plus profonds dont j'ai hérité l'accompagne : le témoignage. Un témoignage est le rapport écrit ou oral de tout ce que Dieu a fait et chaque partie de ce souvenir devient l'histoire de votre famille depuis

CONSERVER LE TÉMOIGNAGE

l'instant où vous êtes nés de nouveau. David déclare : « *Tes témoignages me sont un héritage à toujours ; car ils sont la joie de mon coeur.* » (Psaume 119:111, FRDBY) Cela signifie que tous les récits de tous les miracles ou signes que Dieu a jamais réalisés sont votre histoire car vous êtes désormais liés au Dieu qui les a accomplis.

Les témoignages de Dieu sont les outils qui nous équipent pour avancer dans notre destinée afin de démontrer comment Il est au travers du miraculeux. Premièrement, ils révèlent la nature de Dieu et sa façon d'agir - Ses voies. Deuxièmement, cette conscience de qui est Dieu crée une attente dans nos coeurs afin que les projets de Dieu soient manifestés dans nos vies. La racine du mot hébreu pour « témoignage » signifie « faire encore ». Chaque trace de ce que Dieu a accompli dans les générations passées est une promesse qu'Il le fera à nouveau dans nos vies car Il est le même hier, aujourd'hui et éternellement et Il ne fait aucunement acception de personnes (cf. Hébreux 13:8 ; Actes 10:34). De plus, Apocalypse 19:10 affirme que « *le témoignage de Jésus c'est l'esprit de prophétie.* » Comme vous l'avez lu dans le chapitre précédent, l'onction prophétique ne déclare pas seulement ce que Dieu désire faire. Elle porte également la puissance créatrice pour amener à l'existence ce qui a été déclaré. Le témoignage libère cette onction. Lorsque nous déclarons ce que Dieu a fait, la

Fortifiez-vous dans le Seigneur

puissance est libérée pour faire en sorte que ce témoignage s'accomplisse à nouveau dans les vies de ceux qui l'entendent.

Les témoignages de Dieu sont ce qui relie chaque nouvelle génération de croyants aux promesses de Son alliance. Dieu a donné pour cela des instructions spécifiques dans la loi de Moïse afin que le peuple d'Israël s'exerce quotidiennement au témoignage et l'enseigne à leurs enfants. Leurs vies sociales et familiales étaient entièrement construites sur la répétition du témoignage (cf. Deutéronome 6). Ils devaient aussi bâtir des édifices commémoratifs en pierres tels que ceux que Dieu leur a ordonné d'élever après avoir traversé le Jourdain pour entrer dans la terre promise. Ces pierres représentaient ce que Dieu avait fait. Les témoignages de Dieu relient les générations à Ses promesses. Lorsque les enfants de la génération suivante passaient devant ces pierres et posaient des questions à leur sujet, leurs parents rendaient témoignage de cette traversée, ce qui donnait à entendre : « C'est aussi Ton Dieu ! Tu as hérité de ce pays et des promesses qu'Il nous a faites et Il est prêt à garder ces promesses pour ta génération. » David l'explique ainsi :

Il a fixé une règle en Jacob, établi une loi en Israël, et il a ordonné à nos ancêtres d'enseigner tout cela à leurs enfants, afin que la génération suivante, celle des enfants qui viendront à naître, puisse l'apprendre et se lève à son tour pour l'enseigner à ses propres enfants, afin qu'ils placent leur confiance en Dieu, qu'ils n'oublient pas les hauts faits du Dieu fort et qu'ils observent ses commandements... (Psaume 78:5-7, BDS)

SUSCITER L'ATTENTE

Conserver le témoignage a permis à Israël de « placer leur espoir en l'Éternel » - c'est-à-dire à nourrir leur attente que Dieu tient Ses promesses au travers de Ses invasions de puissance miraculeuses. Ce que nous attendons de Dieu détermine notre niveau de foi et il faut que nous ayons foi afin de « garder Ses commandements ». Tous les commandements de Christ, de « guérissez les malades » à « aime ton prochain » ne peuvent être accomplis qu'au travers de l'autorité surnaturelle de Son Esprit qui accompagne la foi. De la même manière, Dieu a confié aux Israélites la mission de reprendre la terre promise à leurs ennemis et de s'établir là en tant que nation. Cette mission dépendait entièrement de leur capacité à être disposés à l'invasion de la puissance de Dieu par la foi. Il était Celui qui leur avait donné les stratégies et la force d'accomplir l'impossible. Aussi longtemps qu'ils se souvenaient de ce que Dieu avait dit et fait et qu'ils avançaient avec foi grâce à Ses stratégies, ils remportaient des victoires surnaturelles. Cependant, quand le peuple a cessé d'entretenir le témoignage, leur foi dans le miraculeux a faibli et il en fut de même de leur obéissance à Ses commandements. Si vous étudiez l'histoire d'Israël dans l'Ancien Testament, vous découvrirez que chaque génération qui a cessé d'avancer dans l'alliance passée avec Dieu l'a fait pour la simple raison qu'ils avaient oublié Ses oeuvres. David continue dans le Psaume 78 de décrire une telle génération :

> *Les hommes d'Ephraïm, armés de l'arc, ont tourné le dos, au jour du combat. Ils n'ont pas gardé l'alliance de Dieu, ils ont refusé de suivre sa Loi. Ils avaient mis en oubli ses exploits et les hauts faits opérés sous leurs yeux.* (Psaume 78:9-11, BDS)

Vous remarquerez que ces gens étaient équipés pour la bataille : *armés de l'arc*. Le problème n'était pas que Dieu les avait envoyés au combat sans préparation. Ils possédaient les témoignages de ce que Dieu avait accompli pour leurs pères, ce qui, s'ils avaient été déclarés, n'aurait pas seulement renforcé leur courage d'avancer avec foi, mais aurait libéré l'onction prophétique pour réitérer ces actes. Le problème était qu'ils les avaient oubliés. De plus, il leur manquait la force et la foi dont ils avaient besoin pour affronter la bataille.

LE PRIX DE LA NÉGLIGENCE

Je suis stupéfait par la capacité humaine à oublier les choses les plus extraordinaires, inouïes et particulièrement

CONSERVER LE TÉMOIGNAGE

miraculeuses - mais en général cet oubli ne se fait pas en une seule nuit. L'oubli est une spirale qui tire vers le bas et qui commence par une tendance tout à fait naturelle à, par exemple, parler de moins en moins du cancer qui a été guéri instantanément. D'autres choses commencent à occuper nos pensées. Puis, moins nous entretenons le témoignage dans nos conversations et nos pensées, plus notre attente du miraculeux baisse. Nos attentes inférieures nous empêchent de reconnaître et de saisir les occasions de voir le miraculeux se produire. Moins nous expérimentons le miraculeux, moins nous en parlons. Nous en parlons moins, nous avons moins d'attentes et nous l'expérimentons moins, au point de rencontrer une personne atteinte du cancer et de crier : « Dieu ! À l'aide ! » Notre attente et notre foi sont petites alors que nous avons vu Dieu régler ce problème dans le passé. Nous sommes armés, nous portons nos arcs mais nous l'avons oublié. À moins de nous rappeler ce que Dieu a fait et de nous lever grâce à la foi fournie par le témoignage, nous nous détournerons des opportunités divines de voir des victoires être remportées sous nos yeux.

Si vous avez étudié l'Ancien Testament, vous savez que l'incapacité à faire perdurer le témoignage et à vaincre les ennemis dans leur pays a eu de lourdes conséquences. En choisissant plutôt de cohabiter sur le même territoire que leurs ennemis, ils sont devenus vulnérables à l'idolâtrie ce qui les a conduits à briser leur alliance avec Dieu et à ouvrir la porte à toutes sortes de malédictions et de problèmes dans leurs vies. Ils ont perdu leur identité de peuple de Dieu et sont devenus semblables aux peuples qui les entouraient. Nous n'oublions pas seulement qui Dieu est lorsque nous ne réussissons pas à faire perdurer le témoignage. Nous oublions aussi qui nous sommes. Tout comme Israël, la seule chose qui distingue les croyants du reste du monde est la réalité que Dieu agit au milieu de nous. Quand nous perdons cela de vue, nous ne sommes pas différents des autres - à une différence près, nous expérimenterons de plus lourdes conséquences car nous sommes redevables de la révélation de Dieu que nous avons reçue au travers de ces témoignages. Oublier que le témoignage est important pour Dieu revient à voler les gens de leurs rencontres avec Lui.

RESTER ATTENTIF AU DIEU QUI ENVAHIT L'IMPOSSIBLE

Que faut-il pour conserver le témoignage afin de pouvoir éviter ce cercle vicieux et assumer notre responsabilité de représenter Dieu avec puissance ? Il suffit de suivre les prescriptions que Dieu a données à Son peuple au départ. Nous devons établir une culture du témoignage dans nos vies personnelles, dans nos foyers et dans nos églises. Nous devons

CONSERVER LE TÉMOIGNAGE

en parler quand nous nous levons, quand nous partageons un repas, quand nous allons au travail et que nous allons nous coucher. Nous devons bâtir des autels commémoratifs qui nous rappellent ce que Dieu a fait et les prendre régulièrement en considération.

Il y a un certain nombre d'années, j'ai commencé à rédiger un journal dans le seul but de garder une trace des miracles dont j'avais été témoin. Je ne suis pas le meilleur journaliste qui soit mais je suis profondément convaincu de la puissance que j'ai vue et de ma propre capacité humaine à oublier ce dont j'ai été témoin. Je crois que si je devais oublier Ses miracles, les conséquences seraient lourdes à porter. Alors, je tiens un journal. Je dois à mes enfants, petits-enfants et futures générations de garder une trace des interventions de Dieu dans ma génération. Le témoignage est en soi leur héritage.

En tant que pasteur, j'ai mis l'accent sur ce principe avec notre personnel et notre assemblée. Notre équipe démarre ses réunions d'équipe et de conseil avec une heure ou deux de partage des témoignages de ce que Dieu a fait dans les semaines ou mois qui ont précédés. Nous savons que nous ne pouvons pas nous permettre de faire des projets pour la direction de l'église sans être saisis par une conscience irrésistible du Dieu qui envahit l'impossible. Si nous n'en sommes pas pleinement conscients, nous manquerons de foi et de courage, et nos

Fortifiez-vous dans le Seigneur

plans ne seront pas à la hauteur de la mission que Dieu nous a confiée. Cependant, quand nous en sommes pleinement conscients, nous ne quittons pas la réunion, incroyablement encouragés par la bonté et la puissance de Dieu, nous sortons de la réunion remplis de foi que Dieu a l'intention d'accomplir à nouveau toutes ces choses pendant la semaine. Nous nous en allons également équipés de tout un arsenal de témoignages qui contiennent le potentiel de se multiplier alors que nous les déclarons sur les vies des gens que nous avons l'occasion de toucher.

Si je ne reste pas conscient que Dieu est capable d'envahir l'impossible, je vais restreindre le ministère à mes dons. Tous nos dons sont comme les voiles d'un bateau. Nous pouvons rester au port (l'église) et admirer les voiles des uns des autres. Cependant, sans vent, elles sont inutiles ! Tous nos dons sont faits pour saisir le vent de Dieu afin de pouvoir accomplir ce qui est humainement impossible. Le témoignage est l'élément qui maintient nos voiles hissées.

Il en est de même pour notre congrégation et notre École de Ministère, ils ont tout autant embrassé la valeur du témoignage. Bon nombre des témoignages partagés lors de nos réunions d'équipe et de conseil d'église sont leurs histoires, ce qui signifie que les gens ne se contente pas d'exercer le ministère par la puissance de Dieu, ils en parlent et ces récits arrivent

CONSERVER LE TÉMOIGNAGE

jusqu'à nous. L'un des fruits les plus marquants de cette culture du témoignage est que de plus en plus d'histoires dont nous entendons parler sont liées au partage de témoignages.

J'enseignais un dimanche sur la puissance du témoignage. Pendant le culte, nous avons visionné une vidéo qui montrait un petit garçon en train de courir après que ces pieds bots aient été guéris. Le lendemain du visionnage de cette vidéo, certains étudiants de l'École de Ministère étaient si enthousiastes qu'ils se sont rendus, au centre commercial pour prier pour toutes les personnes qu'ils pourraient croiser. Ils ont vu une femme qui marchait avec un appareil orthopédique à la jambe et une canne. Naturellement, ils ont supposé qu'elle était la candidate parfaite pour un miracle. Ils ont commencé à lui parler et lui ont partagé le témoignage du petit garçon dont les pieds avaient été guéris. Émue par cette histoire, elle accepta de les laisser prier pour la tumeur qu'elle avait au genou. La tumeur disparut et elle enleva donc son appareillage. Puis l'un des jeunes hommes qui priait pour elle lui dit : « Le feu de Dieu descend sur votre dos, juste ici. » Et il pointa une zone particulière. Elle sentit l'endroit précis de son dos qui été touché avec étonnement et découvrit qu'une autre tumeur - qu'elle n'avait pas mentionnée - venait aussi de disparaître ! Elle sortit du centre commercial en portant d'un bras son appareillage et sa canne et de l'autre son petit-fils. Les étudiants l'ont entendu expliqué à l'enfant :

Fortifiez-vous dans le Seigneur

« Je n'ai plus besoin de tout ça. »

Cette femme a expérimenté la puissance prophétique du témoignage. Déclarer un témoignage génère un instant divin pendant lequel Dieu peut à nouveau accomplir le miracle ! Les miracles qui se produisent à la suite du partage d'un témoignage continuent de se multiplier - pas seulement dans notre communauté - mais partout dans le monde. Il n'y a peut-être pas d'autre révélation que celle de la puissance du témoignage, que j'ai vu transformer de manière aussi spectaculaire, la façon dont les gens « mettent en pratique l'église » dans les lieux où j'ai voyagé et enseigné. Je crois que cela s'explique par le fait qu'il ramène les gens à leur véritable identité et destinée en Dieu.

LÉGUER UN HÉRITAGE AU TRAVERS DU TÉMOIGNAGE

Conserver le témoignage vivant est une responsabilité que Dieu a donnée à tous les hommes et toutes les femmes en Israël, pas seulement à leurs chefs. Le fait que chaque individu soit redevable d'entretenir le témoignage comme un style de vie le définit comme l'un des premiers outils que nous devons utiliser pour nous fortifier. Nous ne pouvons pas attendre des autres qu'ils préservent le témoignage à notre place. Au-delà du partage du témoignage dans nos conversations, nous avons aussi à le méditer. La méditation est puissante car elle implique notre imagination, qui de fait, nous amène à un niveau d'expérience significatif. L'expérience est une étape vitale dans le renouvellement de notre intelligence. L'auteur du Psaume 66 dit : « *Venez et contemplez les œuvres de Dieu ! Il changea la mer en une terre sèche, on traversa le fleuve à pied...* » (Psaume 66:5, 6, LSG). L'auteur n'a pas pu voir Dieu ouvrir la mer Rouge et le Jourdain. Cependant, au travers d'une imagination inspirée, il a été en mesure d'atteindre un niveau auquel il a expérimenté ces miracles et a été capable de s'approprier ces évènements comme étant sa propre histoire. Si vous avez le sentiment de ne pas avoir vu de nombreux miracles, vous devez tout d'abord vous souvenir que vous possédez chaque récit de Dieu comme s'il était vôtre. Puis, du fait qu'ils vous appartiennent, vous devriez étudier les témoignages consignés dans les Écritures et collecter les témoignages des saints de l'histoire mais aussi des saints qui vous entourent afin de pourvoir les méditer. La méditation des témoignages entraine votre esprit à penser dans une dimension de foi.

David a été clair, c'est son étude des témoignages qui l'a rendu capable d'accéder à une révélation de Dieu d'une telle puissance : « *J'ai plus d'intelligence que tous mes maîtres car Tes témoignages sont l'objet de ma méditation.* » (Ps. 119:99) Grâce à ce niveau de révélation, David est devenu le seul homme de l'Ancien Testament qui a assumé une double

Fortifiez-vous dans le Seigneur

fonction : roi et sacrificateur. Si les témoignages ont entrainé David dans cette destinée avant qu'il puisse connaître une communion ininterrompue avec Dieu au travers du Saint-Esprit, combien plus serons-nous emmenés dans notre destinée dès lors que l'Esprit de Révélation vit en nous ? En qualité de rois et sacrificateurs, notre identité tout entière est établie sur la fondation de notre histoire familiale en Dieu. Si nous ne savons d'où nous venons, nous ne saurons pas où aller ni comment s'y rendre. Nous devons apprendre à conserver le témoignage.

Chapitre 8

MAÎTRISER VOTRE ENVIRONNEMENT

*Jésus n'était pas poussé à agir
par les besoins des hommes
mais par le coeur de Son Père.*

Fortifiez-vous dans le Seigneur

Alors que je développais ce style de vie de me nourrir des promesses et des prophéties de Dieu sur ma vie et de méditer Ses témoignages, quelque chose d'intéressant s'est produit. À présent, les gens qui ont un témoignage me trouve constamment, comme des missiles à têtes chercheuses. Parce que la nature du témoignage porte une onction prophétique, on prophétise en quelque sorte sur moi en permanence. Il en résulte que je reçois, où que je sois et partout dans le monde, une réserve solide de force et d'encouragement. C'est étonnant ! Quand nous accordons de la valeur à ce que Dieu chérit, Ses bénédictions nous traquent littéralement.

Jésus a fait une déclaration qui explique comment la valeur que nous accordons aux témoignages et aux promesses de Dieu en attirent encore davantage dans nos vies. Il a dit : « *Prenez garde à ce que vous entendez : de la mesure dont vous mesurerez il vous sera mesuré; et à vous qui entendez, il sera ajouté.* » (Marc 4:24, FRDBY) Jésus ne fait clairement pas référence au sens qui nous permet de percevoir un son. Il parle d'entendre en écoutant. Quand nous écoutons, nous permettons à ce que nous entendons d'attirer notre attention et notre intérêt, ce qui en retour influence nos croyances et nos valeurs. Ces croyances et ces valeurs sont un standard pour nos oreilles qui détermine dans l'absolu les voix que nous choisissons d'avoir dans notre environnement. Ce standard est aussi ce qui nous attire vers certaines personnes plus que d'autres.

Puisque j'ai établi un standard pour mes oreilles en accordant de la valeur au témoignage, j'attire les gens qui possèdent le même. D'un autre côté, les personnes dont le standard n'est pas saint attirent ceux qui ont ce même standard. Mettons que nous affections une personne dont la réputation est d'aimer le commérage à un nouveau poste au milieu de 50 nouveaux collègues. En l'espace d'une semaine, cet employé aurait attiré à lui ou à elle tous les autres amateurs de ragots de son nouveau lieu de travail. Nos valeurs communiquent quelque chose au niveau spirituel qui alerte de notre présence toutes les autres personnes ayant ce même système de valeur.

ÉTABLIR UN STANDARD POUR NOS OREILLES

Nous établissons un standard pour nos oreilles qui détermine également notre capacité à nous fortifier car cela commence par notre choix d'écouter la voix de Dieu plus que toute autre voix. Au passage, j'espère qu'il est évident qu'apprendre à se fortifier

MAÎTRISER VOTRE ENVIRONNEMENT

n'implique pas que nous soyons la source de notre force. Au contraire, « *je puis tout **par Christ** qui me fortifie* » (Philippiens 4:13) et Christ « *soutient toutes choses par la puissance de Sa Parole* » - *y compris nous* (Hébreux 1:3).

De plus, chaque outil de notre arsenal est conçu pour nous aider à puiser dans la force mise à notre disposition à l'écoute de Sa voix. Écouter est ce qui nous rend capable d'être en accord avec Lui en obéissant à Sa voix et cet accord libère la force et les ressources du Ciel dans nos vies et dans les situations que nous traversons. Cependant, comme je l'ai justement décrit, le standard que nous choisissons d'établir pour nos oreilles peut attirer la force du Ciel qui découle de nos interactions avec les autres personnes qui parlent et vivent sur la base d'une perspective céleste. Ainsi, en nous associant délibérément avec des gens qui partagent nos valeurs et en contrôlant nos interactions avec ceux dont ce n'est pas le cas, nous sommes en mesure de nous fortifier.

Je crois fortement que nous sommes appelés à servir - sans distinction - tous ceux vers qui le Saint-Esprit nous envoie. Nous avons à les accepter sans condition et à leur témoigner l'amour et la puissance de Dieu. Il y aura aussi certainement des personnes avec qui Dieu nous appellera à faire des affaires, à nous lier d'amitié pendant un temps afin de leur présenter Jésus ou d'assurer leur formation de disciple. Cependant, ce genre de relations est d'un tout autre registre que les amitiés dans lesquelles nous nous ouvrons à l'influence des valeurs et perspectives de nos amis. Nous avons besoin d'être vigilants quant aux personnes qui nous sont proches et donnent leur avis sur notre vie.

LA FORCE VIENT DES GENS DE L'ALLIANCE

Nos amitiés proches sont puissantes, notamment celles que nous entretenons avec nos conjoints, car elles sont bâties sur une alliance. L'alliance établit un accord qui permet au royaume spirituel qui gouverne votre vie de couler en l'autre et réciproquement. C'est pourquoi il est tellement vital de développer des amitiés avec des personnes dont la vie démontre avec constance le fruit du Royaume. Quand nous entretenons des amitiés engagées avec des gens de foi, nous restons connectés à une source grandissante de force qui détermine souvent grandement notre capacité à persévérer dans les temps difficiles.

Je suis béni d'être ami avec des personnes dotées d'une foi authentique. J'ai encore, et encore été tiré vers le haut et fortifié par le simple fait d'être avec eux. Je n'étais souvent pas capable de mentionner la situation difficile par laquelle je passais et pourtant je repartais encouragé. Il y a plusieurs raisons à cela. Premièrement, l'amour et l'honneur que nous avons l'un pour l'autre produit un échange de vie à chaque fois que nous interagissons. Parce que mes amis sont des gens de foi, la joie, l'espérance et la promesse émanent naturellement d'eux. Quand je suis avec eux, il ne faut pas longtemps à leurs esprits et attitudes pour être contagieux. Mais plus encore, quand ces amitiés, enracinées dans l'alliance, sont bâties sur la connaissance de l'autre selon l'Esprit, elles ont pour effet de nous rappeler à qui nous sommes vraiment en Christ. Elles rafraîchissent notre rapport à notre but et à notre destinée et quand notre vision de ces choses est renouvelée, notre force l'est généralement aussi. Je sais grâce à cela que l'un des meilleurs moyens de me fortifier quand je suis fatigué ou découragé est de trouver un de mes amis et de passer du temps avec lui.

GARDEZ LES MAUVAISES HERBES HORS DU JARDIN

D'autre part, j'ai découvert que lorsque je suis dans un état de vulnérabilité émotionnelle ou même si je suis juste fatiguée physiquement, je dois veiller et m'assurer que je ne suis pas entouré de gens qui aiment se plaindre et critiquer. J'ai toujours posé de solides limites personnelles pour discerner et interagir avec les gens qui s'expriment avec négativité ou incrédulité. En temps normal, j'exerce le ministère auprès d'eux mais je ne leur donne pas accès à ma vie. Cependant, quand je manque de force, je vais les éviter délibérément. Cela peut avoir l'air d'être un manque de compassion, mais je suis le seul responsable de garder mon coeur libre de tout doute et jugement. Je suis également le seul à pouvoir reconnaitre quand je suis vulnérable à l'influence de gens qui sont en accord avec ces esprits. Salomon nous avertit de l'effet puissant que peuvent avoir les valeurs et les personnalités des gens quand il dit : « *Ne fréquente pas l'individu coléreux, ne va pas avec l'homme furieux, de peur que tu ne t'habitues à ses sentiers et que tu n'y trouves un piège pour ta vie.* » (Proverbes 22:24, 25, NBS)

Tous les conseils impies ne viennent pas de l'impie. Bien que beaucoup aient de bonnes intentions, ils sont dépourvus de la perspective de la foi pour laquelle je lutte. Ils ont tendance à vouloir me rendre davantage semblable à eux au lieu de réellement m'aider à renforcer ma confiance en Dieu. Mon rôle est me protéger d'une telle influence et en particulier quand je suis vulnérable. Mon coeur est un jardin. Certaines personnes sont douées pour planter de mauvaises herbes, tandis que d'autres sèment le Royaume. Mon rôle, et le vôtre est de connaitre la différence entre les deux.

UN LIEU DE SOLITUDE

Les évangiles mentionnent spécifiquement plusieurs occasions lors desquelles Jésus emmenait Ses disciples loin

MAÎTRISER VOTRE ENVIRONNEMENT

des foules pour se retrouver et se reposer. Le témoignage de l'histoire du réveil nous instruit que peu d'hommes et de femmes de Dieu ont vraiment appris quand et comment le faire. Dans tous les cas, la personne qui portait une onction merveilleuse et a amené le salut, la guérison et la délivrance à des milliers de gens n'a pas eu la sagesse de voir qu'il ne serait pas en mesure de soutenir ce ministère sans apprendre à s'éloigner suffisamment longtemps des foules pour se reposer physiquement et cultiver des relations porteuses de vie avec famille et amis en mesure de renforcer son attention sur le Royaume. Par conséquent, beaucoup de ces revivalistes sont morts jeunes et de nombreux membres de leurs familles ont physiquement et spirituellement souffert.

> Jésus n'était pas poussé à agir par les besoins des hommes mais par le coeur de Son Père.

Nous ne pouvons pas nous permettre de passer à côté des leçons que nous enseignent ces histoires. Si nous voulons de devenir des gens à qui Dieu peut confier de plus grandes mesures de faveur et d'onction pour accomplir notre destinée de sacrificateurs royaux, il faut que nous soyons préparés à la réalité que nous allons attirer des gens avec des besoins. Les besoins des personnes peuvent exercer sur nous des pressions

Fortifiez-vous dans le Seigneur

considérables et cette pression va exposer les zones de votre coeur qui se préoccupent davantage de satisfaire les attentes des autres que de faire seulement ce que Jésus fait. Jésus a répondu aux besoins de bien des gens au travers de Son ministère, mais Il est aussi passé à côté de beaucoup d'autres personnes dans le besoin. Il a compris que seul, l'unique moyen de réussir ce qu'Il entreprenait était de rester disposé à passer à l'action non pas à cause des besoins humains, mais à cause ce que Son Père avait vraiment à coeur.

La force de notre intimité avec le Père et avec les relations d'alliance proches de nos vies est ce qui déterminera largement notre capacité à servir sur la base de notre foi et de notre obéissance à Dieu plutôt que sur la base de nos efforts pour aider les gens et leur plaire. Les personnes les plus enclines à être écartelées au nom des relations liées au ministère sont celles qui luttent le plus avec l'intimité - à la fois avec Dieu et avec les autres. Le ministère peut être un lieu formidable où ils se sentent connectés et aimés, mais la vérité est que sans la redevabilité que seules des amitiés enracinées dans l'alliance apportent, ils se font tout bonnement prendre au piège par l'épuisement ou le compromis. C'est pourquoi Dieu va mettre en suspens pendant un temps de nombreux ministères, juste pour leur apprendre comment être ami avec Lui loin du travail pour Lui. Toute fertilité véritable découle de cette intimité avec Lui.

MAÎTRISER VOTRE ENVIRONNEMENT

J'ai découvert qu'il y a trois principales sources de distractions que nous devons apprendre à surmonter pour rester sur les rails de notre destinée.

Premièrement, il y a les distractions occasionnées par le diable. Il joue sur nos vieilles peurs et addictions pour nous pousser à pécher. Au fur et à mesure que nos pensées sont progressivement transformées et nos sens sont entrainés à avoir faim et soif de Dieu, ces tentations ne retiennent plus vraiment notre intérêt.

Deuxièmement, lors de ce processus de transformation, nous nous occupons davantage de nos propres distractions - les zones dans lesquelles nos vieux schémas de pensée limités nous empêchent de percevoir ce que Dieu tente de nous enseigner et d'y répondre.

Mais au bout du compte, certaines des difficultés les plus difficiles à éviter ne sont pas celles qui viennent de nous ou du diable. Ce sont celles qui viennent de Dieu. Ce sont les bénédictions, la faveur, la prospérité, les miracles et tous les dons étonnants qu'Il déverse dans nos vies. Bien évidemment, Il nous les donne pour notre réussite et notre plaisir. Cependant, elles révèlent aussi d'une certaine manière si nous allons préférer les avantages de l'amitié à l'Ami Lui-même.

Chaque fois que nous commençons à nous la couler douce grâce aux bénéfices de nos relations d'alliance avec Dieu et nos proches, nous sommes enclins à violer l'amour. Il est indispensable que nous gardions une disposition de coeur ferme qui nous pousse à rechercher délibérément ces relations pour elles-mêmes et pour ce que nous pouvons leur apporter. Il nous faut aussi projeter de ne jamais laisser les besoins des gens avec qui nous n'avons pas passé d'alliance dicter ce que nous avons à offrir à nos relations proches. Dans notre engagement à employer la que nous avons pour leur bénédiction, nous semons en fait, dans le temps où nous aurons nous-mêmes besoin de force. C'est la nature du Royaume de notre Père.

UN HUMOUR SAIN

Une dernière remarque : la plupart des gens de foi qui ont contribué de façon conséquente à ma vie dans les temps de besoin sont aussi des gens ayant un grand sens de l'humour. J'ai tendance à trop me prendre au sérieux et à résister aux rires dans les moments difficiles. La joie dans l'épreuve demande de la foi, mais être avec des gens en qui j'ai suffisamment confiance pour me détendre en leur compagnie amène une atmosphère où le rire vient vite et souvent. Parfois, l'ordonnance du docteur est de simplement être ensemble, se raconter des histoires drôles, partager des expériences joyeuses et même faire preuve d'autodérision. Le rire est véritablement un très bon remède.

Chapitre 9

UN CRI DÉSESPÉRÉ

*Concentrez-vous sur les réponses de Dieu,
et non sur vos problèmes.*

Dieu désire notre réussite !

*Le Saint-Esprit vous donnera de l'eau pour vous soutenir
pendant les temps de sécheresse et de stérilité.*

Fortifiez-vous dans le Seigneur

Les outils présentés dans ce livre ne sont pas une liste exhaustive des moyens de nous fortifier dans le Seigneur. J'ai seulement abordé les domaines dans lesquels j'ai le plus d'expérience. Mon objectif est de vous convaincre que Dieu vous a équipé de tout ce dont vous avez besoin pour accomplir votre destinée. Et ce n'est pas compliqué. Ce qui est le plus important à mes yeux est que le Corps de Christ soit *parfaitement habité* de la révélation de la grandeur de notre destinée. Sans cette compréhension, nous ne serons probablement pas prêts à payer le prix pour apprendre à nous fortifier.

SURPRIS PAR LA JOIE

Le Saint-Esprit est le Seul qui puisse nous révéler qui nous sommes appelés à être. C'est pourquoi la conviction de l'Esprit-Saint est l'un des dons les plus précieux que nous ayons reçus au cours de notre vie. Malheureusement, pendant des années, ce don a été précisément confondu avec son antithèse : la condamnation de l'ennemi. L'une des illustrations les plus percutantes de cette

Fortifiez-Vous Dans le Seigneur

différence entre la conviction et la condamnation se trouve dans le livre de Néhémie. Vous savez peut-être que Néhémie a conduit les juifs en exil à rebâtir les murailles de Jérusalem et à restaurer la ville suite à leur captivité à Babylone. Au bout d'un certain temps, le peuple mit un jour à part pour renouveler leur alliance avec Dieu en écoutant les anciens lire et expliquer le Livre de la Loi, ce qui n'avait pas été fait depuis des années. À mesure qu'ils comprenaient les paroles qui étaient lues, ils virent combien le standard de Dieu pour leurs vies était élevé et à quel point ils vivaient en fait bien en dessous. Ils se mirent naturellement à pleurer et à être en deuil. Cependant, Néhémie et les autres chefs les reprirent par cette réponse à la conviction du Saint-Esprit.

Néhémie, le gouverneur, Esdras, le sacrificateur et le scribe, et les Lévites qui enseignaient le peuple, dirent à tout le peuple : Ce jour est consacré à l'Éternel, votre Dieu ; ne soyez pas dans la désolation et dans les larmes ! Car tout le peuple pleurait en entendant les paroles de la loi. Ils leur dirent : Allez, mangez des viandes grasses et buvez des liqueurs douces, et envoyez des portions à ceux qui n'ont rien de préparé, car ce jour est consacré à notre Seigneur ; ne vous affligez pas, car la joie de l'Éternel sera votre force. Les Lévites calmaient tout le peuple, en disant : Taisez-

UN CRI DÉSESPÉRÉ

vous, car ce jour est saint ; ne vous affligez pas ! Et tout le peuple s'en alla pour manger et boire, pour envoyer des portions, et pour se livrer à de grandes réjouissances. Car ils avaient compris les paroles qu'on leur avait expliquées. (Néhémie 8:9-12, LSG)

Pour beaucoup qui ont grandi dans l'église, se lamenter de ne pas égaler le standard de vie fixé par Dieu comme il est enseigné dans les Écritures, est considéré comme le seul signe légitime de conviction et de repentance. La *sainteté* est généralement associée à la sobriété, aux larmes et non à la joie. *Ce penchant* dans nos systèmes de valeurs nous a valu de mal étiqueter certaines choses de la vie. Par exemple, les individus déprimés sont fréquemment appelés à tort « prophètes » ou au minimum « intercesseurs ». Toutefois, dans l'histoire de Néhémie reconstruisant la cité déchue de Jérusalem, nous découvrons que la sainteté est davantage liée à la joie et à la fête. Lorsque les prêtres lisaient publiquement la Parole de Dieu, il était interdit à Israël de pleurer, même s'ils étaient très loin d'être à la hauteur des exigences de

> Concentrez-vous sur les réponses de Dieu et non, sur vos problèmes.

Fortifiez-vous dans le Seigneur

Dieu à leur égard. Ils furent avertis de ne pas pleurer mais au contraire de se réjouir et de célébrer autour d'un festin. Voilà qui était parfaitement choquant ! Des pécheurs allaient fêter avec joie d'avoir *compris* l'appel de Dieu à la sainteté !

L'idée que la meilleure réponse à donner à la conviction du Saint-Esprit est de déprimer est une dérive de fausses croyances qui nous aveuglent. Elles nous empêchent de voir les desseins du Saint-Esprit en exposant au grand jour, les domaines quand lesquelles nous ne sommes pas à la hauteur de notre appel en Christ. Il y a un temps pour les larmes dans cette démarche puisqu'il nous est dit que la tristesse selon Dieu mène à la repentance. Cependant, quand nous voyons à tort Dieu comme un père légaliste qui est mécontent de chacun de nos gestes, nous déformons ce qui était censé nous conduire à une rencontre avec Lui qui va nous transformer. Au lieu de ça, beaucoup développent une attitude grave pour tenter de parvenir à la sainteté par leurs propres forces. En conséquence, nous avons mal compris et nous sommes mal approprié la plénitude de Sa grâce, qui ne pardonne pas seulement nos péchés mais nous autorise à vivre comme Lui. Ces croyances offrent à *l'accusateur des frères* une opportunité de prendre la parole dans les moments où nous voyons des zones de faiblesses et de péchés dans nos vies et il nous convainc d'être des cas désespérés. Nous sommes dupés dans nos pensées en

UN CRI DÉSESPÉRÉ

croyant que ses accusations sont des convictions divines nous ne pouvons pas nier notre besoin de changer.

LE NÉCESSAIRE CHANGEMENT DE POINT DE VUE

Nos manquements ne sont pas le véritable problème, c'est plutôt notre façon de répondre à ce que Dieu a dit. Être concentré sur nos problèmes plutôt sur les réponses de Dieu devrait être un indice révélateur que nous avons vraiment à faire à de la condamnation et non à la conviction du Saint-Esprit. Concentrez-vous sur les réponses de Dieu - pas sur vos problèmes. Quand le Saint-Esprit nous montre les domaines dans lesquels nous ne sommes pas à la hauteur, la plus importante réalité ne concerne pas ces points vis-à-vis desquels nous n'avançons pas dans notre destinée mais la destinée en soi. Tant d'entre nous lisent le verset : « *Car tous ont péché et sont privés de la gloire de Dieu.* » (Romains 3:23, LSG) et se concentre plus sur le fait que nous n'avons pas été à la hauteur que sur le fait d'être destiné à la gloire ! La conviction du Saint-Esprit est de fait un appel à détourner notre attention de nos péchés et de nos limitations. Il dit : « Tu es fait pour plus que ça. Relève la tête et pose ton regard plus haut. » Le caractère impossible d'une perspective aussi renouvelée peut sembler écrasant. De cette manière nous nous approchons davantage de

Fortifiez-vous dans le Seigneur

Lui et laissons Sa grâce nous amener dans notre destinée.

Lorsque nous reconnaissons le but dans lequel l'Esprit nous convainc, nous commençons à comprendre comment interpréter le genre d'épreuves qu'Il nous permet d'affronter dans nos vies. Il est évident que les réelles épreuves ne sont pas les situations qui mettent nos forces au défi, mais celles qui dévoilent nos faiblesses. La plus grande épreuve de David n'a pas été d'affronter Goliath ; ce fut de surmonter sa propre vulnérabilité au désarroi en fortifiant lui-même. De fait, la majorité des combats spirituels que nous menons dans notre vie chrétienne est réellement intérieure. À mesure que nous réajustons nos schémas de pensées erronés et que nous transformons nos vieux modèles de comportements, il est étonnant de découvrir que le diable et le monde représentent de moins en moins une menace pour le flot de vie de Dieu en nous.

Cependant, comme cela a été précédemment mentionné, la chose que nous oublions est que Dieu nous prépare pour *toutes* nos batailles. Il nous faut nous souvenir que lorsque nos faiblesses sont dévoilées, elles le sont car Dieu nous a déjà donné les outils dont nous avons besoin pour les surmonter. C'est pourquoi les Israélites reçurent le commandement de se réjouir face à leurs lacunes. Le Saint-Esprit ne les a pas seulement convaincus de leur destinée ; Il les a équipé d'une promesse : « *La joie de l'Éternel sera ta force.* » Autrement dit, c'est la joie du Seigneur pour nos vies qui contient la force nécessaire pour avancer vers notre destinée. Comment reçoit-on cette joie ? En nous réjouissant. Nous alignons nos corps et nos âmes avec la promesse car cette attitude invite la promesse à se manifester. Il devrait sembler logique que cette réponse à la conviction est ce que Dieu recherche puisqu'elle demande de faire preuve de foi. C'est facile de vous réjouir quand vous gagner la loterie mais il faut de la foi pour vous réjouir face à la percée que vous désirer vivre.

DISPOSÉ À RECEVOIR

Comme mentionné au chapitre 6, recevoir les promesses de notre destinée exige que nous soyons disposés. Jésus a donné un commandement à Ses disciples : « *... Et voici, moi j'envoie sur vous la promesse de mon Père. Mais vous, demeurez dans la ville, jusqu'à ce que vous soyez revêtus de puissance d'en haut.* » (Luc 24:49, FRDBY) Je veux faire ressortir le fait que cette promesse ne concernait pas leur salut. Jésus avait déjà soufflé sur eux et dit : « *... Recevez le Saint-Esprit.* » (Jean 20:22) Il a fait cela en lien direct avec le premier souffle de vie que Dieu a insufflé à Adam. C'était un acte de création qui a accompli la promesse du Psaume 102:18 : « *Et que le peuple qui sera créé célèbre l'Éternel !* » (Psaume 102:19, LSG) Puisque la rencontre salvatrice est spécifiquement ce qui amène cette réalité de la nouvelle création dans nos vies, je crois que cela s'est produit lors de la nouvelle naissance des disciples. La Pentecôte était un autre évènement, un deuxième attouchement divin. Si le salut les avait *sortis du rouge*, façon de parler bien sûr, la Pentecôte allait à nouveau les rendre créditeurs afin qu'ils exercent le ministère avec puissance, de manière plus conséquente et qu'ils aient quelque chose à donner aux autres.

Que devait-il alors se passer entre le salut et la Pentecôte ? « *Ils continuèrent à prier et élever des supplications d'un commun accord...* » (Actes 1:14) Le mot *continuer* signifie « être fermement assidu, persévérer sans faiblir, être constamment prêt à... » Les disciples n'ont pas présumé que la promesse de Jésus se réaliserait simplement, ils n'ont pas non plus présumé que « s'attarder à Jérusalem » signifiait traîner dans les environs et s'occuper des affaires habituelles. Ils sont restés dans le même lieu et ont lutté dans la prière. L'invasion du Ciel sur la terre le jour de la Pentecôte a été provoquée par l'invasion du Ciel par la terre pendant 10 jours. Avoir lutté dans la foi pour cette promesse les a préparés à la recevoir et rendus capables de l'attirer à eux.

CRÉÉ POUR LA GLOIRE

Les disciples se fortifiaient dans la chambre haute. Se fortifier dans le Seigneur a tout à voir avec le fait d'être préparé à

UN CRI DÉSESPÉRÉ

recevoir et à administrer l'accomplissement de nos promesses. Réfléchir à ce que signifie physiquement parlant « envahir le Ciel ». Pour qu'un astronaute s'aventure au-delà de l'atmosphère de la terre, il doit être revêtu d'une combinaison pressurisée capable de résister à l'aspiration du cosmos. Sans elle, son corps exploserait instantanément. Si vous et moi sommes en passe de toucher la dimension de la *gloire* de Dieu - et le mot « gloire » signifie littéralement « poids » - nous allons devoir exercer une certaine pression interne afin de suffisamment consolider nos forces pour vivre dans cette atmosphère et être porteurs de cette gloire sur la terre.

Porter Sa gloire est précisément ce pour quoi nous avons été créés - la vie chrétienne ne se limite pas au fait d'être sauvé pour aller au Ciel après notre mort. Elle sert plutôt à apprendre à vivre aujourd'hui la réalité du Ciel afin de pouvoir collaborer avec Christ à l'établissement de Son Royaume sur la terre. La raison pour laquelle l'Église a « simplifié » l'appel missionnaire de faire de toutes les nations des disciples et de voir la connaissance de la gloire de Dieu remplir la terre tient entièrement au fait que nous n'avons pas su saisir le bâton que nous passait l'église primitive en luttant pour un baptême continu et authentique de l'Esprit-Saint. Comme l'atteste le livre des Actes, ce baptême n'était pas censé être un évènement ponctuel mais un enchainement permanent de rencontres qui

Fortifiez-vous dans le Seigneur

rendent capable d'avancer dans des mesures de puissance accrues, mettant ainsi en oeuvre le mandat que Jésus a confié à Son Corps. Je vous prie de noter que certaines des personnes mentionnées présentes dans la chambre en Actes 2 participent également au déversement raconté dans Actes 4:29-31.

L'Esprit qui vit au-dedans de nous et que nous recevons lors de notre salut est l'Esprit d'adoption qui crie : « Abba Père » et nous donne un accès continu à Son coeur. La révélation de Son Royaume et la connaissance de Sa volonté à venir sur terre jaillissent dans ces rencontres. Toutefois, à mesure que nous connaissons mieux le Père et ce qu'Il désire faire, nous devrions être convaincus que le savoir n'est pas suffisant. Tout Son plan est centré sur la révélation de Ses fils et filles qui avanceront dans l'autorité que Jésus a reçue à Sa mort et qui amèneront la liberté à toute la création (cf. Romains 8:19-21). C'est pour cette raison que le Saint-Esprit n'est pas seulement venu habiter en nous mais également reposer sur nous avec la même onction du Christ que Jésus portait afin de libérer les réponses que le Ciel donne aux dilemmes de la terre. Autrement dit, Il est venu manifester le Royaume. C'est de ce baptême *perpétuel* dont nous avons besoin.

Je suis tellement reconnaissant qu'au siècle dernier le Saint-Esprit aie ramené une bonne partie du Corps de Christ, et ce à une échelle mondiale, à la recherche et à l'expérience de

UN CRI DÉSESPÉRÉ

ce baptême. Ce qui me déconcerte c'est qu'il y a de nombreux chrétiens qui goûtent à cette onction glorieuse et s'arrêtent net d'entreprendre une quête de plus tout au long de leur vie. Chaque homme et chaque femme que je connais et qui a été activé dans le ministère des signes et des prodiges au travers de son expérience avec le Saint-Esprit comprend qu'il ou elle ne doit jamais cesser de lutter et d'expérimenter d'autres rencontres. Par conséquent, ils comprennent que leur cheminement dans la lutte est un cheminement pour administrer. Trop de gens qui connaissent le réveil ne savent pas comment être un bon intendant de ce qu'ils ont reçu lors de leur baptême dans le Saint-Esprit. Ils reviennent alors toujours au même endroit en demandant à Dieu les remplir à nouveau. Ce schéma de pensée est dépourvu d'une compréhension fondamentale de la manière dont Dieu établit Son Royaume.

LA FAÇON DONT LE ROYAUME VIENT

À un moment donné, Jésus releva l'incompréhension de Ses disciples sur la façon dont le Royaume devait venir. Après avoir été témoins de milliers de miracles, de signes et de prodiges corroborant Son message que « *le Royaume des Cieux est proche* », les disciples s'attendaient à ce que « *le royaume de Dieu se manifeste immédiatement.* » (Luc 19:11) Jésus leur raconta alors une parabole au sujet d'un maître qui avait quitté

Fortifiez-vous dans le Seigneur

le pays en confiant à Ses serviteurs diverses sommes d'argent à investir en son absence. Lorsque le maître est revenu, il demanda à chaque personne de rendre compte de ce qu'il avait fait avec ce qui lui avait été confié. En retour, il donna autorité à chaque personne sur des villes de son royaume en fonction de sa capacité à investir et gérer ce qui lui avait été donné d'administrer. Par exemple, il a nommé gouverneur celui qui avait bien employé les dix talents de monnaie pour en gagner dix de plus. Puis il a condamné le serviteur qui avait caché l'argent au lieu de l'investir (Luc 19:12-27). C'est ainsi que vient le Royaume de Dieu - pas en une fois, mais petit à petit, à mesure que le peuple de Dieu administre l'onction qu'il a reçue lors de leurs dernières rencontres. Nous ne pouvons pas nous emparer de villes et de nations pour Dieu puisqu'Il les possède déjà. C'est pourquoi il est dit dans le Psaume 2 de demander les nations à Dieu et qu'Il nous les donnera en héritage. Notre rôle est devenir ceux à qui Il peut confier Son autorité jusqu'à ce que des villes et des nations entières viennent sous l'influence légitime des bons serviteurs qui mettent en action le projet de Dieu. Ce genre d'augmentation est donné à ceux qui ont été fidèles avec ce qui leur a été donné.

Comment administrer ce qui nous a été donné ? Nous employons les outils que nous avons reçus pour lutter en vue des promesses et des désirs que Dieu a fait naître dans nos coeurs par le Saint-Esprit. Nous faisons également d'autres pas de foi et d'obéissance particuliers afin d'aligner notre pensée et notre comportement avec ce que nous avons entendu. Si vous aspirez à prêcher l'Évangile, un premier pas pourrait être de vous prêcher à vous-même dans la voiture. C'est peut-être un petit commencement mais nous ne pouvons pas le mépriser car la foi dit que là où nous aller prime sur le lieu où nous nous trouvons ; et la foi comprend que l'obéissance physique entraine une libération spirituelle.

La foi doit conquérir notre peur de l'échec si nous désirons nous engager pleinement sur un chemin de transformation. Comme nous l'enseigne la leçon de Néhémie, nos promesses et nos désirs sont généralement reliés aux domaines dans lesquels nous avons besoin de grandir dans notre caractère et dans notre capacité à penser et vivre comment Dieu. S'il n'existait pas un pouvoir capable de nous transformer, il serait cruel de la part de Dieu de donner des promesses que ne nous serions jamais qualifiés à recevoir. Toutefois, parce que l'Esprit de résurrection de Christ habite dans nos corps, Ses promesses et Ses désirs sont des clefs pour notre percée. Nous devons réussir à voir les manques de nos vies comme les zones où Dieu a précisément l'intention de nous donner nos plus grandes victoires - si nous prenons le risque d'aller à la rencontre de nos promesses.

Fortifiez-Vous Dans le Seigneur

DU DÉSESPOIR À LA FOI

Pendant des années, j'ai été gêné par le fait que même si je prêchais que Dieu était un Dieu de miracles, je ne voyais pas le miraculeux se produire. Je ne pouvais pas être me satisfaire d'avoir seulement une bonne théologie puisque mon expérience niait ce que ma théologie disait. Je suis passé de gêné à consumé par une sainte jalousie quand j'ai entendu le récit des guérisons qui se produisaient dans le mouvement Vineyard au travers de John Wimber et d'autres. Au coeur de cette saison, j'ai reçu une parole prophétique de la part de mon ami Mario Murillo qui disait que Dieu allait m'oindre pour avancer dans un ministère de guérison et de miracles. J'ai saisi cette parole, je l'ai écrite et j'ai commencé à la déclarer fréquemment sur ma vie. Il y a un peu plus de dix ans, le Seigneur a commencé à réaliser Sa Parole et j'ai vu de manière régulière et croissante le miraculeux se produit en servant l'Évangile.

J'ai récemment eu l'occasion de reprendre contact avec Mario et j'ai sorti ma carte toute usée sur laquelle était écrite sa parole prophétique. En sachant combien j'avais lutté pour cette parole, il commença à m'expliquer que j'étais comme Anne. Elle désirait la seule chose que sa stérilité l'empêchait de recevoir : un enfant. Mais au lieu de succomber à l'amertume et à la déception, elle cria à l'Éternel. Son cri devait être un cri de foi car dans ce cri, elle pris la résolution de mettre son

UN CRI DÉSESPÉRÉ

désir entièrement à part pour le Seigneur. Elle était tellement consumée par son désir qu'elle en avait perdu de vue ce que les autres pouvaient penser d'elle. Mario expliqua que le Seigneur avait utilisé ma stérilité dans le domaine des miracles pour susciter en moi le même cri désespéré qu'Anne, au point de ne plus me soucier d'être mal compris. En luttant pour la promesse, j'avais renforcé ma résolution de garder jalousement l'onction quand elle serait finalement donnée et de l'utiliser entièrement pour les desseins de l'Éternel. Cette résolution est essentielle dans le fait de devenir digne de confiance et expérimenter l'accomplissement de la promesse.

Comme l'indique la parabole de Jésus sur les talents, la durée entre le jour où l'on nous confie un « talent » et le jour où Dieu nous convoque pour rendre compte de notre intendance est indéterminé. Je ne savais pas combien de temps j'aurais besoin de persévérer dans la prière et dans l'imposition des mains dans l'attente que ma parole prophétique s'accomplisse. Cependant, mon cœur avait trouvé des chemins tous tracés. Il n'y avait pas de "plan B". Parce que je vivais dans la quête de cette promesse, chaque jour me rapprochait de ma percée. Le fait même que j'aie reçu une promesse de Dieu était la garantie qu'il y aurait un jour où le Seigneur évaluerait ce que j'avais fait et jugerait si ma façon d'administrer la promesse m'avait correctement préparé à gérer la dimension de l'onction dont il

Fortifiez-vous dans le Seigneur

était question dans la parole reçue.

Si nous ne fixons pas nos coeurs sur le but final, nous mépriserons le jour des petits commencements. Nous ne serons pas non plus capables de reconnaître la distance parcourue depuis ces commencements. Nous devons apprendre à nourrir une profonde gratitude pour ce que Dieu a fait dans le passé tout en gardant nos yeux fixés sur les possibilités qui sont devant nous avant que le Royaume ne vienne dans toute sa plénitude. Munis de cette perspective, nous avons aussi besoin de maintenir éveillée notre conscience que nous avons déjà reçu tout ce qui sera nécessaire dans la prochaine étape de notre cheminement. Dieu désire que nous réussissions !

Dieu nous a établit en vue de nous faire réussir. Oui, Il nous a ordonné de faire des nations des disciples. Cette tâche semble impossible, mais Jésus est le Désir des Nations et Il demeure au-dedans de nous. Il vit en nous pour nous donner de réussir cette mission impossible de faire des nations des disciples.

Dieu désire notre réussite !

Notre rôle est d'apprendre à Le laisser passer devant et nous ne le faisons qu'à la mesure de notre ressemblance avec Lui. C'est pourquoi le désir de devenir semblable à Lui est la passion qui motive la vie chrétienne. Quand nous voyons véritablement

UN CRI DÉSESPÉRÉ

qui Il est et ce qu'Il a fait pour nous, quand nous avons goûté à Son amour et à Sa puissance, une conviction désespérée est né en nous - nous ne pouvons simplement plus vivre avec des choses dans nos vies qui ne sont pas cohérentes avec qui est Jésus. Cette conviction devrait complètement saisir nos cœurs, au point d'être déterminés à ne jamais abandonner avant d'être entièrement conforme à Son image. En devenant semblable à Christ, nous devenons précisément ce après quoi ce monde soupire.

LA TRANSFORMATION PERSONNELLE - UNE AMBITION SUPRÊME

La passion qui nous motive à apprendre comment nous fortifier est d'être transformé à Son image. Personne ne peut accomplir ma destinée à ma place. Personne ne peut posséder mes promesses à part moi. La suffisance n'attirera pas le baptême du Saint-Esprit dans ma vie. Il y a quelque chose dans le fait d'exercer ma volonté et ma foi à dépasser la facilité qui importe à Dieu. Jésus vit une fois que Ses disciples se débattaient au beau milieu d'une tempête. Il marcha alors sur le lac sans pour autant aller vers eux. La Bible dit : « *Il voulait les dépasser.* » (Marc 6:48, BDS). C'est le cri de Ses disciples qu'il L'a poussé à se diriger vers eux. Il leur démontrait que nous pouvons accéder à Dieu - Il reste toujours à notre portée.

Fortifiez-vous dans le Seigneur

Dieu nous a déjà poursuivis d'un amour tellement irrésistible qu'il nous faudra toute l'éternité pour en sonder les profondeurs. Cependant, Il préserve les opportunités que nous avons pour employer notre volonté à Le rechercher. C'est ainsi que fonctionne la foi. S'Il dit qu'Il nous rattrapera, nous sautons car c'est seulement lorsque nous sautons qu'Il peut tenir Sa promesse. C'est seulement en faisant le pas d'accomplir les choses surnaturelles qu'Il nous a demandées que nous pouvons nous approprier la puissance surnaturelle qu'Il nous a déjà donnée pour mener à bien ces tâches impossibles.

Les fils de Qoré nous donnent une description merveilleuse du processus qui s'opère dans nos vies pour amener notre caractère et notre force à maturité.

> *Bienheureux les hommes dont tu es la force : dans leur cœur, ils trouvent des chemins tracés. Car lorsqu'ils traversent la vallée de [Baca], ils en font une oasis, et la pluie d'automne vient la recouvrir de bénédictions. D'étape en étape, leur vigueur s'accroît et ils se présentent à Dieu en Sion.* (Psaume 84:5-8, BDS)

Baca signifie « larmes ». La vallée des Larmes est une image prophétique de toute difficulté rencontrée dans notre vie, toutes sortes de perte, de crise, de besoin ou de douleur. Ceux dont la force est en Dieu et dont les coeurs ont trouvé Ses chemins tous tracés - pour achever la course et accomplir

UN CRI DÉSESPÉRÉ

la destinée de Dieu pour eux - peuvent transformer de ces sujets de déceptions en oasis.

Nous découvrirons le secret de la victoire que nous donne le Saint en toute situation en refusant de laisser les circonstances et nos zones de faiblesses personnelles déterminer notre niveau de foi et de passion. Plutôt que d'être liés par les limites établies par notre environnement naturel, nous choisissons d'élever le cri de nos coeurs au Seigneur dans les lieux secs et stériles, et de fait, tirer « l'eau » que le Saint-Esprit a déjà déversée dans nos vies jusqu'à la surface. C'est un peu comme creuser dans un sol sec et craquelé jusqu'à ce vous trouviez de l'eau. Cependant, cette eau est en fait une oasis très rafraichissante. Elle est tapie juste sous la surface de la sécheresse apparente de l'ensemble des situations que nous rencontrons. Souvenez-vous, Jésus a promis que des fleuves d'eau vive couleraient de nos coeurs (cf. Jean 7:38). Le Saint-Esprit vous donnera de l'eau pour vous soutenir dans les temps de sécheresse et de stérilité.

Il est très important de croire en la véracité de cette affirmation. Car nous sommes ensuite conscients du fait que nous ne serons JAMAIS à court d'eau ! Lorsque nous suscitons la passion de nos coeurs pour les promesses de Dieu dans un situation de faiblesse, nous ne créons pas seulement une oasis, nous attirons aussi le déversement du Saint-Esprit qui couvre ce lieu de bassins - de nouvelles dimensions d'onction. Quand nous découvrons les sources cachées sous nos périodes de sécheresse, nous attirons la pluie. L'eau attire l'eau. Être un bon intendant de l'oeuvre du Saint-Esprit dans notre passé (creuser dans les lieux desséchés) attire la pluie du déversement (qui est à venir). C'est l'intendance du Royaume : s'occuper des parties stériles de nos vies, des lieux de rêves qui ne se sont pas réalisés et de grandes déceptions, et puiser aux sources de vie de nos propres coeurs en sachant que le Saint-Esprit demeure en nous et qu'il ne manque jamais de donner la vie. Celui qui a promis est fidèle. Répondre aux exigences de ce principe d'intendance est le moyen « *d'accroître sa vigueur, d'étape en étape* » et d'atteindre au final notre destination, apparaître « *devant Dieu en Sion* » - une image qui ne parle pas seulement d'aller au Ciel à notre mort, mais de devenir un peuple qui vit depuis le Ciel vers la terre et ce, dès aujourd'hui.

MA VALLÉE DES LARMES

En 2003, lors d'un voyage missionnaire au Brésil avec Randy Clark et son équipe de Global Awakening, j'ai appris que lors d'une simple procédure chirurgicale, les médecins avaient découvert un cancer du pancréas à mon père. Je quittais plus tôt que prévu le Brésil pour être avec lui et rejoindre ma famille dans cette bataille pour sa vie.

Mon père a toujours été le plus grand encouragement

UN CRI DÉSESPÉRÉ

de ma vie. Toutefois, il est ainsi avec la plupart de ceux qui le connaissaient. Il était un véritable Barnabas - *un fils d'encouragement.* En plus de toutes les raisons évidentes pour lesquelles je souhaitais que mon père vive, je savais que j'avais besoin de son aide constante dans ce que Dieu était en train de faire ici à Redding en Californie. Je souhaitais aussi qu'il voie le fruit de son propre travail - il était le pasteur qui avait donné la direction originale de notre église plus de 20 avant que je ne devienne pasteur.

Je me suis senti poussé de demander à Dieu de réitérer le miracle d'Ézéchias pour mon père. Alors qu'il était face à la mort, Ézéchias a crié à l'Éternel et il lui fut donné 15 années de vie sur terre supplémentaires. Puisque Dieu ne fait pas acception de personnes et qu'Il est le même hier, aujourd'hui et éternellement, cette prière semblait être appropriée à la situation. Un grand nombre de personnes commencèrent à prier de la même manière en demandent les années supplémentaires données à Ézéchias pour mon père. En fait, une femme que je n'avais jamais rencontrée m'a dit que Dieu lui avait parlé du même « miracle d'Ézéchias » et qu'elle devait me le transmettre comme une promesse pour mon père. Je la reçus avec joie.

L'ironie est que le cancer avait été l'une de nos cibles dans la prière pendant quelques années. Le cancer était devenu le Goliath qui se moque des armées du Dieu vivant et j'ai une juste

Fortifiez-vous dans le Seigneur

colère envers la violation du nom de l'Éternel. Nous refusons de témoigner un quelconque respect pour le nom du cancer parce que son nom est inférieur à celui de Jésus. Au fil des ans, nous avons vu un grand nombre de cas de cancers être guéris dans notre église et au travers d'elle. De ce fait, une personne de notre ville a lancé la rumeur après sa propre guérison, d'aller à Béthel car : « Ils ne tolèrent pas le cancer ! » Comme nous n'avons pas vu tous ceux qui sont venus nous voir être guéris, nous persévérons en croyant que Dieu nous donnera ce genre de percée et au final libérera pour nous « une zone sans cancer ».

En dépit de nos nombreuses percées avec d'autres, j'atteignais ma propre *vallée de Baca* quand mon père mourut après 6 mois de lutte contre le cancer. C'était comme si j'avais poussé contre un rocher de 5 tonnes pendant 6 mois ; il n'a jamais cédé. Des maladies spirituelles peuvent se développer quand n'importe lequel d'entre nous ne lâche pas sa déception pour que Dieu le touche et le guérisse. « *L'attente différée rend le coeur malade...* » (Proverbes 13:12, FRDBY) Je savais que laisser la déception dominer mon coeur provoquerait un aveuglement qui m'empêcherait de voir la main de Dieu à l'oeuvre en moi.

Me fortifier dans le Seigneur m'a aidé à rester éloigné de l'anxiété suffisamment longtemps pour faire une importante découverte : à côté du rocher de 5 tonnes il y a un rocher de 500 tonnes que je n'aurais pas pu déplacer avant la bataille menée

UN CRI DÉSESPÉRÉ

pour la vie de mon père. Pousser contre le rocher qui n'a en fait jamais bougé m'a fortifié en renforçant ma résolution de vivre dans une destinée divine et d'instaurer dans mon existence la colonne vertébrale de la persévérance. En refusant de détourner mon attention, j'ai appris que je peux maintenant déplacer le rocher de 500 tonnes que je n'aurais pas pu faire vaciller avant la bataille. Pour me préserver de la maladie du coeur vis-à-vis de laquelle Proverbes 13:12 nous met en garde, j'ai surveillé mon *attitude* de coeur. C'était une façon de transformer ma vallée des larmes en sources de rafraichissements, car c'est du coeur que découlent toutes les sources de la vie (cf. Proverbes 4:23).

Je ne peux pas me permettre d'avoir en tête des pensées qui ne sont pas de Dieu. C'est une idée terriblement fausse que de penser que Dieu donne le cancer - Il ne peut pas donner ce qu'Il n'a pas. Je refuse de blâmer Dieu pour le cancer de mon père ou toute autre calamité de la vie pour cette raison. Nous vivons simplement dans un monde de conflit et de péché. De mauvaises choses se produisent. Bien qu'il soit possible que je ne comprenne pas « pourquoi », je comprends que ni Dieu ni Son alliance ne sont déficients.

Même si Dieu est suffisamment grand pour utiliser toute situation à Sa gloire, cela ne signifie pas que le problème en question ait été Sa volonté. Tout ce qui arrive dans une vie n'est pas la volonté de Dieu. Nous devons cesser de Le blâmer.

Fortifiez-vous dans le Seigneur

La pierre angulaire de notre théologie est le fait que *Dieu est toujours bon et qu'Il ne donne que des dons excellents.* Il est toujours fidèle et garde à jamais Ses promesses. Il n'y ni mal ni ténèbres en Lui.

Sa bonté et Sa fidélité sont le sujet de ma louange. Je célèbre ces aspects de Sa nature au beau milieu de situations qui semblent parfois être *contradictoires*. Après la mort de mon père, j'ai découvert le privilège de donner à Dieu une offrande de louange qui était un sacrifice que je ne serais jamais capable de Lui donner dans l'éternité. Mon offrande a été donnée au beau milieu de la tristesse, de la déception et de la confusion - je n'expérimenterai aucune de ces choses au Ciel. C'est seulement dans cette vie que nous serons en mesure d'élever une offrande ayant ce genre de « parfum ».

Si nous ne sommes pas à la hauteur dans notre recherche d'un miracle, le manque ne vient jamais du côté divin de l'équation. Lorsque les disciples furent tentés de penser de la sorte, Jésus leur donna une vue du réel problème en disant : *« Cette sorte ne peut sortir en aucune façon, si ce n'est par la prière et par le jeûne. »* (Marc 9:29, FRDBY) La plupart de ceux qui prient et jeûnent parmi nous ont tendance à le faire en quête d'un miracle particulier au lieu de rechercher *un style de vie* miraculeux. Jésus n'a ni jeûné, ni prié dans cette situation car Sa vie débordait de prière et de jeûne, ce qui Lui

UN CRI DÉSESPÉRÉ

donnait accès à la manière de vivre surnaturelle tant désirée. Nous devons davantage réfléchir à comment avoir accès à un style de vie plutôt qu'à une percée ponctuelle dans une situation particulière. Nous devons ce genre de démonstration céleste au monde qui nous entoure.

Apprendre à affronter notre possible manquement, sans tomber dans la culpabilité et la honte, est un élément clef pour garder notre attention fixée sur la recherche d'une vie de miracles à l'image de Christ. Je refuse de sacrifier la révélation que *Dieu est toujours bon* sur l'autel de la raison humaine à cause de mon besoin de donner du sens à ma prière qui semble ne pas avoir été exaucée. Je préfère encore l'inconfort que provoque la mise à jour d'une zone d'immaturité dans ma vie si elle me pousse à rechercher Dieu jusqu'à ce que j'obtienne une percée. Bon nombre de ceux qui se rendent compte et admettent leur besoin de croissance personnelle au coeur d'une perte tragique tombent dans le regret et l'auto-critique. Le regret est un assassin actif dans l'église et dont on doit s'occuper - couvrez-le par le sang de Jésus et laissez-le à la Croix !

Utilisez votre perte comme fondement au profit d'une autre personne en appelant la justice divine ! Cela signifie que je dois continuer de rechercher la même percée que celle recherchée pour mon père, sauf que maintenant, je fais passer mon attention sur d'autres ayant le même besoin. Le système judiciaire de Dieu exige qu'un voleur rembourse sept fois ce qu'il a volé. Je demande donc à Dieu une onction contre le cancer qui soit sept fois plus grande que celle que j'avais auparavant. (Curieusement, juste après avoir rédigé cette partie du chapitre, j'ai reçu le témoignage d'un autre cas de cancer qui avait été guéri au travers de notre ministère - *un cancer du pancréas* ! *Voilà*, la justice divine !)

VOUS AVEZ ÉTÉ APPELÉ

Une invitation nous est faite. Nous vivons une époque de réveil dans laquelle Dieu amène de merveilleux temps de rafraîchissement à Son Église et conduit les perdus à goûter à Son salut au travers de démonstrations de puissance. Toutefois, le Père a l'espoir, au travers de ce déversement déraisonnable de grâce, d'attirer une génération de Ses fils et filles pour embrasser l'appel de la maturité, l'appel de lutte par Sa force lors des percées individuelles que nous avons besoin de porter à des mesures supérieures de puissance et d'amour de Son Royaume au monde qui nous entoure. C'est la course qui est devant nous. Puissions nous être ceux qui apprennent à reprendre courage afin de pouvoir courir avec persévérance !

Chapitre 10

PAS PENDANT MON SERVICE !

En Lui, nous avons autorité sur toutes les tempêtes.

Fortifiez-vous dans le Seigneur

Notre appel à faire des nations des disciples commence par la compréhension de ce qu'est être un disciple. Jésus a été très clair sur les conditions préalables pour le suivre : « *Celui qui ne prend pas sa croix pour me suivre n'est pas digne de moi.* » (Matthieu 10:38, NBS) Jésus n'est pas en train de dire que nous devons expérimenter le châtiment de nos péchés. Il a été le seul à porter cette croix-là. Porter sa croix signifie étreindre la vérité que vous n'êtes pas le centre de votre vie. Romains 14:7 (NBS) l'exprime ainsi : « *En effet, aucun de nous ne vit pour lui-même, et aucun ne meurt pour lui-même.* » La croix de Jésus ne parlait pas de Lui. Cette croix servait à plaire au Père et à nous racheter. De la même manière, notre croix ne se rapporte pas à nous ; elle sert à vivre pour Christ et à faire notre part en vue de mener à bien Sa mission sur la terre.

La vie de David nous montre qu'une percée individuelle libère une bénédiction collective pour notre entourage. La croix de Christ a accompli une chose semblable puisque c'était une percée personnelle de Jésus. Il avait une destinée à accomplir et elle nécessitait une grande force pour résister à toute tentation, distraction ou opposition qui l'aurait détourné de Sa course. Son obéissance a libéré la plus grande bénédiction collective de l'histoire - Il a rendu le salut accessible à toute la race humaine. De la même façon, la croix que nous portons libérera une bénédiction. Non seulement, les personnes qui nous entourent pourront expérimenter les bénéfices du salut en Jésus mais le Seigneur aussi sera béni car Il prendra possession de Son héritage sur la terre au travers de notre service fidèle.

Paul dit que nous sommes : « *... héritiers de Dieu, et cohéritiers du Christ, s'il est vrai que nous souffrons avec lui pour être aussi glorifiés avec lui.* » (Romains 8:17, NBS) Jésus a souffert en résistant aux choses qu'Il allait précisément vaincre au travers de Sa mort et de Sa résurrection - le royaume des ténèbres et son règne de péché et de mort sur la race humaine. La croix que nous portons et les souffrances que nous endurons en tant que croyant sont aussi une forme de résistance face aux forces de l'ennemi. Nous avons été délégués pour les déloger du pays dont nous avons hérité avec Christ. Exercer la puissance et l'autorité que nous avons reçues pour reprendre notre territoire à l'ennemi est ce qui fortifie notre caractère pour nous tenir dans une position d'influence sur ce territoire et y établir le Royaume. Nous n'avons pas seulement à lier l'homme, le chasser de la maison et reprendre ce qu'il nous a volé. Nous sommes

PAS PENDANT MON SERVICE !

censés devenir des hommes forts du Royaume qui libèrent les bénédictions du Ciel afin de remplir la maison.

C'est ce que Jésus a essayé d'enseigner à Ses disciples dans l'évangile de Marc chapitre 4. Il leur a dit qu'il était temps de plier bagage et de passer sur l'autre rive du lac pour exercer le ministère dans une région dont les habitants n'avaient pas encore entendu le message du Royaume. Sur le chemin, ils furent pris dans une tempête qui tenta de les détruire. Jésus calma la tempête d'une parole et ils furent en mesure de terminer leur route. Quand ils eurent atteint le rivage, un homme possédé par des démons descendit de la colline et se mit à adorer Jésus. Quand Jésus chassa les démons hors de lui, ils le supplièrent de ne pas être renvoyés hors de cette zone géographique. Cela indiquait que les démons qui possédaient l'homme étaient au contrôle de la principauté au-dessus de la région en question. Il avait été leur homme fort pour légiférer une atmosphère chaotique dans les environs. La tempête qui tenta de retenir Jésus et Ses disciples d'entrer dans ces lieux était une manifestation de leur pouvoir. Cependant, leur pouvoir n'était pas suffisant pour empêcher l'homme d'adorer Jésus. (Quel que soit le nombre de démons présents, ils ne peuvent pas empêcher une personne d'adorer Jésus !) L'adoration de l'homme le plaça sous une autorité supérieure, celle du Royaume et les principautés de la région furent délogées.

Fortifiez-vous dans le Seigneur

Les perturbations de l'atmosphère étaient si violentes que les habitants de la région furent dans la crainte et demandèrent à Jésus et à Ses disciples de partir. Bien que sa ville natale était un environnement extrêmement hostile pour un jeune croyant, Jésus n'a pas laissé Son nouveau converti Le suivre. Au contraire, Il le mandata pour mener Sa campagne d'évangélisation dans la région : « *Va dans ta maison, vers les tiens, et raconte-leur tout ce que le Seigneur t'a fait, et comment il a eu pitié de toi.* » (Marc 5:19, LSG) Jésus est plus tard retourné dans cette région. Tous les habitants de toutes les villes environnantes vinrent L'écouter. La rencontre d'un homme avec Jésus a fait basculer la perspective de toute une multitude qui après L'avoir rejeté a eu faim et soif de Lui.

QUAND LA PRIÈRE DE L'INCRÉDULE EST EXAUCÉE

C'est une histoire merveilleuse, mais nous oublions souvent les implications d'un passage de ce récit. Après que Jésus ait calmé la tempête, Il s'est tourné vers Ses disciples et leur a dit : « *Pourquoi avez-vous ainsi peur? Comment n'avez-vous point de foi ?* » (Marc 4:40, LSG) Sa réponse semble quelque peu extrême à beaucoup d'entre nous. Nous pensons que notre rôle est de demander à Dieu de régler nos problèmes et que Son rôle de nous répondre. Toutefois, Jésus leur disait : « J'ai seulement

PAS PENDANT MON SERVICE !

eu à faire ce que je vous ai formés à faire. »

Jésus a dit à Ses disciples qu'il était préférable pour Lui de s'en aller afin que le Père envoie l'Esprit-Saint et qu'Il demeure en eux. Cela signifie que dans les tempêtes de nos vies, nous nous en sortons mieux que les disciples, qui n'avaient que Jésus endormi dans la barque à leur disposition. Son Esprit en personne habite en nous. Si nous le laissons nous conduire, nous aurons toujours autorité sur la tempête. Cependant, lorsque nous essayons de sauver nos vies plutôt que de nous appuyer sur la mission et la destinée que le Père nous a données, nous nous privons de l'opportunité de vivre une percée personnelle dans notre foi. De plus, nous privons également les gens de la sphère d'influence dans laquelle Dieu nous a appelée, de l'opportunité d'expérimenter la bénédiction qui est libérée quand notre foi déloge une atmosphère oppressante grâce à une atmosphère céleste. Bon nombre de chrétiens regardent les tempêtes de leurs vies et la corruption du monde et en concluent que leur rôle se limite à tenir bon jusqu'à ce qu'à leur mort ou à l'enlèvement de l'Église. Mais, les gens de foi ont une perspective différente - ils regardent la tempête et voient la chance de leur vie. En Lui, nous avons autorité sur toutes les tempêtes.

Il est habituel que des géants spirituels se lèvent durant les heures les plus sombres de l'histoire pour relever le défi. Des

Fortifiez-vous dans le Seigneur

gens comme Jonathan Edwards, William Booth, John G. Lake et Aimee Semple McPherson étaient de véritables disciples de Christ qui ont réellement compris que tout ce que Jésus a accompli était un modèle pour leur mandat personnel. Ils ont regardé les tempêtes de leur époque - les manifestions du royaume des ténèbres dans un territoire qui selon leur conviction était l'héritage légitime du Seigneur - et se sont levés avec foi pour déloger ces tempêtes en déclarant : « Pas pendant mon service ! » Sachant que leur mission était de façonner le cours de l'histoire du monde, ils ont refusé de céder au volume de ténèbres abruptes qui les environnaient. Ils ont vu que le Ciel tout entier assurait leurs arrières dans ce mandat *humainement impossible.*

> **En Lui, nous avons autorité sur toutes les tempêtes.**

À présent, il est temps de laisser les histoires de ces hommes et femmes de Dieu faire plus que nous émerveiller. Jésus n'a jamais envisagé que seul un petit groupe de croyants en particulier marcherait dans une onction comme la Sienne pour transformer le climat spirituel de nos régions. Il a formé chacun de Ses disciples dans cette barque à faire ce qu'Il a fait. C'est le temps pour toute une génération de croyants de saisir l'opportunité qui est devant eux - prendre leur croix et lutter

PAS PENDANT MON SERVICE !

pour les percées que Dieu va permettre afin de leur confier des mesures d'onction suffisamment grandes pour reprendre l'héritage que nous sommes invités à partager avec Lui.

Pour ce faire, nous aurons besoin de beaucoup de courage car nous devrons prendre des risques pour faire des pas de foi et avancer vers ce que nous avons vu et entendu du Seigneur. Nous ne sauterons jamais le pas si notre espoir repose sur l'expérience d'un autre grand évènement, comme l'attente du déferlement de la prochaine vague de réveil ou qu'un prophète nous interpelle et nous donne une parole. Nous devons prendre nos responsabilités personnelles pour fortifier chaque zone de faiblesse en nous et briser l'accord que nous avons passé avec la peur. Nous devons devenir la manifestation continue du réveil et arrêter d'attendre que les circonstances extérieures s'alignent avec nos rêves. Nous le faisons en rendant des actions de grâce et en nous réjouissant, en priant comme Il prie, en méditant promesses et témoignages et en nous associant avec des gens de foi - non pas seulement quand ceux qui nous entourent le font, mais en permanence, cela devient un style de vie.

Utiliser ces outils est la seule manière d'accéder à la force et au courage dont nous avons besoin au coeur de la tempête, car ils nous rappellent qui nous sommes et quelle est la mission que Dieu nous a confiée. Par dessus tout, ils nous rappellent que nous sommes parfaitement équipés pour la victoire, non

Fortifiez-vous dans le Seigneur

pas grâce à une formule qui marche systématiquement, mais grâce à *Dieu qui est avec nous et en nous.*

C'est la promesse qui est faite à tous les fils et toutes les filles qui entendent l'appel à lutter pour leur terre promise :

> *Ne t'ai-je pas donné cet ordre : Fortifie-toi et prends courage ? Ne t'effraie point et ne t'épouvante point, car l'Éternel, ton Dieu, est avec toi dans tout ce que tu entreprendras.* (Josué 1:9, LSG)

www.ingramcontent.com/pod-product-compliance
Lightning Source LLC
Chambersburg PA
CBHW070150100426
42743CB00013B/2864